Das große LBV Natur-Kindergarten-Buch

Impressum:

Herausgeber:
Landesbund für Vogelschutz in Bayern e.V.
Verband für Arten- und Biotopschutz (LBV)
Eisvogelweg 1, 91161 Hilpoltstein.
Tel.: 09174/47 75-0, Fax: 47 75-75
eMail: info@lbv.de, Internet: http://www.lbv.de
Eine Produktion des Umweltbildungsteams des LBV.

Autoren:
Annette Dieckmann, Eveline Grotemeyer, Carmen Günnewig, Ulle Dopheide, Klaus Hübner.

Beratung und Anregung:
Hermann Bürgin, Margot Löffler, Karin Dinter.

Rezepte:
Ute Mahl.

Zeichnungen:
Hariet Homm.

Layout:
Grafik Atelier Huber.

Scans und Druckvorstufe:
PrePress Weiss, Schwabach.

Gesamtherstellung:
Jettenberger & Scherhaufer, Augsburg.

Erstausgabe:
April 1999, 1. Auflage.

ISBN 3-00-004224-5

© Landesbund für Vogelschutz in Bayern e.V. (LBV) – 1999
Alle Rechte vorbehalten. Reproduktionen, Speicherung in Datenverarbeitungsanlagen, Wiedergabe auf elektronischen, fotomechanischen oder ähnlichen Wegen, Funk und Vortrag — auch auszugsweise — nur mit Genehmigung des LBV.

Inhaltsangabe

Einleitung — Seite 4 bis 5

FRÜHLING — Seite 6 bis 12

Frühlingsrezepte — Seite 13 bis 15

SOMMER — Seite 16 bis 24

Sommerrezepte — Seite 25 bis 27

HERBST — Seite 28 bis 33

Herbstrezepte — Seite 34 bis 37

WINTER — Seite 38 bis 44

Winterrezepte — Seite 45 bis 48

Stolpersteine auf neuen Wegen — Seite 49 bis 54

Naturforscherausrüstung — Seite 55 bis 57

Außengeländegestaltung — Seite 58 bis 71

Info/Weiterbildungen — Seite 72 bis 73

Literaturtips — Seite 74 bis 75

Kindergartenkiste

Einleitung

Kinder–Garten–Natur:

drei Begriffe, die wohl für jeden in idealtypischer Weise zusammengehören. Aber es ist sicher mehr als eine latente Sehnsucht nach einer heilen Welt, die uns intuitiv spüren läßt, daß Kinder im Garten in naturnaher Umgebung ihre kindlichen Fähigkeiten und Fertigkeiten optimal entwickeln können. Sehen wir uns die drei Begriffe einmal etwas näher an:

Natur:

Die Welt unserer heimischen Tiere und Pflanzen in ihren vielfältigen Lebensräumen bietet tausendundeine Möglichkeit, unsere Sinne zu schärfen, Zusammenhänge zu erkennen und Konsequenzen für unser eigenes Verhalten daraus abzuleiten.
Es gibt schöne und häßliche Dinge in der Natur. Tiere und Pflanzen gefallen uns oder stoßen uns ab. Aber eines haben sie alle gemeinsam: die Faszination des Lebendigen. Und sie verdienen unsere Achtung.

Garten:

Der Garten ist ein idealer Ort, um natürliche Strukturen und Kreisläufe kennenzulernen. Ein idealer Ort, um Tiere und Pflanzen zu beobachten.
Ein idealer Ort, um den eigenen Gedanken nachzuhängen: das Heranwachsen im Wechsel der Jahreszeiten, der Einfluß von Licht und Schatten, Trockenheit und Nässe – all dies sind wichtige Erfahrungen für Kinder.
Kinder können gärtnern und sich am Erfolg freuen, unter einem Blätterdach spielen, an Blumen riechen, Vögeln zuhören, Schmetterlinge beobachten oder ...

Kinder:

Kinder sind neugierig, Kinder freuen sich über ihr eigenes Können und Kinder spielen. Drei Triebfedern, die es den Kindern ermöglichen, mit der Welt, die sie umgibt, umgehen zu lernen: sich selbst kennenzulernen, etwas zu verändern und weiterzuentwickeln – ein Prozeß, der ein ganzes Leben anhält. Spielerischer Umgang mit der Natur ermöglicht wichtige Erfahrungen.

Aus diesem Grund haben wir Ihnen, angepaßt an den Rhythmus der Jahreszeiten, ein ganzheitliches Angebot an Naturerfahrungsspielen zusammengestellt, das alle Sinne bei unseren Kindern und bei uns selbst ansprechen und wiedererwecken soll.
Ganz gleich, ob es sich dabei um Riechen, Tasten, Hören, Sehen oder Schmecken handelt.

Viel Spaß beim Ausprobieren
und Umsetzen der Spiele, Rezepte
und Gestaltungsideen wünscht Ihnen

Klaus Hübner
(Leiter des Referates Freizeit und Umweltbildung)

6

Auch wenn draußen noch Schnee liegt und der Boden an manchen Stellen gefroren ist oder Rauhreif die Sträucher und Bäume bedeckt, spürt man doch langsam, daß der Frühling immer näher rückt: die Tage werden länger, der Gesang der Vögel wird lauter und intensiver und an besonders geschützten Orten kann man sogar schon die ersten Palmkätzchen entdecken. Die Knospen der Bäume und Sträucher öffnen sich langsam und viele Vögel beginnen mit dem Nestbau.

Frühling

So auch unser Saatkrähenpärchen: Männchen und Weibchen wählen gemeinsam den Nistplatz aus, wobei sie am liebsten das Nest vom Vorjahr benutzen, oder sie bauen sich ein neues Nest mit vielen frischen Zweigen im Astwerk hoher Bäume. Da Saatkrähen gesellige Tiere sind, entstehen dabei große Kolonien.
Ende März werden die Eier gelegt und vom Weibchen bebrütet. Nach 17 bis 18 Tagen schlüpfen die Jungen.

FRÜHLING

1. Tauschmarkt

Ort: Wald
Material: Sammelsäckchen

Auf einem Waldspaziergang sammelt jedes Kind für sich kleine Schätze, wie z. B. schöne Steine, weiches Moos, eine Feder usw., die es am Wegesrand findet. Im Kindergarten werden die Fundstücke ausgebreitet und gegenseitig bewundert.

Wenn einem Kind nun von einem anderen etwas gut gefällt, kann es eines seiner eigenen Kostbarkeiten zum Tausch anbieten.
Am Ende des Tauschmarktes wird eine Waldausstellung mit all den schönen Dingen arrangiert.

2. Schmetterlingscocktail

Ort: Wiese
Material: bunte Servietten, buntes Papier, Rum, Sirup, Malzbier, Apfelmus

Wir basteln uns bunte Blüten und ziehen mit einem süßen Duft die Schmetterlinge an.

Dafür schneidet jedes Kind aus dem bunten Papier eine Blüte aus, macht in die Mitte ein Loch und steckt dort ein Viertel einer Serviette durch. Das ganze wird auf einen Bambusstab oder einen Stock gesteckt.

Nun wird der Duftstoff zubereitet: man macht eine Mischung aus Rum (wenig), Sirup, Malzbier und Apfelmus und träufelt mit einem Löffel etwas von dieser Mischung auf die Blüte.

Jetzt sucht jedes Kind einen schönen Platz für seine Blume in der Wiese und beobachtet, welche Tiere sich den süßen Saft schmecken lassen.

3. Kresse-Eierköpfe

Ort: Kindergarten
Material: Kressesamen, leere Eier, Erde oder Watte

Leere Frühstückseier werden mit Erde oder Watte gefüllt und obendrauf Kressesamen gesät. Die Samen werden mit Wasser angefeuchtet. Stellt sie in Eierbecher oder Pappringe und bemalt sie mit lustigen Gesichtern. In 5-6 Tagen ist dem Gesicht ein lustiger Haarschopf gewachsen, den man dann „rasieren" kann. Kresse schmeckt lecker in Salaten.
Kressesamen haben den Vorteil, daß sie sehr schnell auskeimen und innerhalb weniger Tage das Ergebnis zu sehen ist. Weitere Keimversuche mit Sonnenblumensamen auf Erde und Watte.

4. Tulpenexperiment

Ort: im Kindergarten
Material: eine weiße Tulpe, zwei hohe Gläser, Tinte oder blaue Ostereierfarbe

Zwei Gläser werden mit Wasser gefüllt und in eines soviel Farbe gegeben, daß eine kräftige Färbung zustandekommt.
Nun spaltet man die Tulpe vorsichtig mit einem scharfen Messer am Stiel entlang. Auf die Finger aufpassen!
Nun wird die eine Hälfte des Stengels ins blaue Wasser, die andere ins ungefärbte Wasser gestellt. Nach einigen Stunden ist die eine Hälfte der Tulpe mit zarten blauen Adern durchzogen.
Mit diesem Experiment kann man den Kindern eindrucksvoll vermitteln, wie das Wasser seinen Weg innerhalb der Pflanze nimmt. Weil es ein paar Stunden dauert, bis man ein Ergebnis sieht, sollte man das Experiment am besten abends beginnen.
Am nächsten Morgen kann dann das Ergebnis bestaunt werden.

FRÜHLING

5. Gänseblümchen-Ohrringe

Ort: Wiese
Material: Stengel von Löwenzahn, Gänseblümchen

Jedes Kind sucht sich zwei Gänseblümchen, entfernt den Stengel und tropft auf die Unterseite der Gänseblümchenblüte etwas Saft aus einem dicken Löwenzahnstengel.

Dann drückt es die Gänseblümchenblüten ans Ohrläppchen.

Nach kurzer Zeit kleben sie fest und zeigen, wie schön natürlicher Ohrschmuck sein kann.

6. Regenwurmkino

Ort: Kindergarten
Material: drei Holzleisten für den Rahmen (10 cm breit, 2 x 35 cm lang, 1 x 45 cm lang), zwei Glasscheiben (35 x 45 cm)

Herstellung:

In den Holzleisten müssen Führungsrillen für die Glasscheiben vorhanden sein.

Die Breite der Führungsrillen entspricht der Glasstärke plus 1 mm Spielraum. Zuerst werden die Holzleisten gedübelt, geleimt und zum Rahmen zusammengesetzt.

Anschließend werden auf beiden Seiten die Scheiben in die Führungsrillen geschoben.

Gestaltung:

Der Regenwurm ist ein nützliches und interessantes Tier, das allgegenwärtig ist und das man mit den Kindern leicht sammeln kann. Im Erdboden sorgt er durch seine Wohngänge für gute Durchlüftung und sein Kot dient gleichzeitig als Dünger für die Pflanzen. Will man diesen Gesellen über längere Zeit beobachten, so legt man sich am besten ein Regenwurmkino an.

Dazu baut man sich den oben beschriebenen Kasten und füllt dort

abwechselnd immer wieder 3 cm Sand und Erde hinein. Die oberste Schicht besteht aus einigen Laubblättern und vielleicht einigen Apfelschalen. Dann sammelt man ein paar Regenwürmer und setzt sie in das Regenwurmkino.

Da die Würmer sehr lichtempfindlich sind, muß man das Ganze noch mit einem dunklen Tuch abdecken. Nun kann man im Laufe der Tage beobachten, wie die Würmer immer mehr Gänge anlegen, die verschiedenen Bodenschichten vermischen und wie die Würmer in diese Gänge Pflanzenmaterial hineinziehen, von dem sie leben. Wenn man die Würmer einige Zeit im Zimmer halten will, muß man immer wieder genügend Pflanzenmaterial nachlegen und dafür sorgen, daß das Ganze nicht austrocknet, sondern die Erdschichten immer ein wenig feucht sind.

Nach spätestens zwei Wochen sollte man die Würmer wieder ins Freie setzen.

7. Kräuter-Frühlingsspaziergang

Ort: Wald, Wiese
Material: Sammelsäckchen

Jedes Kind bekommt ein Sammelsäckchen, um auf dem Frühlingsspaziergang Kräuter sammeln zu können. Vor allem die Zeit ab Mai bietet sich zum Kräutersuchen an. Dann findet man leckere Blätter vom Gundermann, Löwenzahn, Schöllkraut und Sauerampfer, die von den Kindern schon an Ort und Stelle probiert werden können. Man kann die Kräuter aber auch nur riechen, indem man sie kräftig zwischen den Fingern verreibt.

In den mitgenommenen Säckchen können die vorher bestimmten Kräuter gesammelt, im Kindergarten gewaschen und in einem Frühlingsquark, der gemeinsam zubereitet wird, verarbeitet werden.

FRÜHLING

8. Baumzwerge und Baumriesen

Ort: Wald
Material: Schaufel

Bei einem Spaziergang durch den Frühlingsbuchenwald entdeckt man am Boden oft kleine, zarte Pflänzchen mit zwei kräftig leuchtenden Blättern, die in ihrer Form einem Schmetterling ähneln. Das sind Sämlinge von Buchen. Die beiden Blätter sind die Keimblätter, die als erstes aus dem Boden treiben.

Als nächstes bekommt das Bäumchen „richtige" Buchenblätter, die genauso aussehen, wie man Buchenblätter kennt.
Wenn man eine Stelle findet, an der viele Buchenbäumchen stehen, kann man eine Pflanze mit viel Erde drumherum ausgraben und sie an einem geschützten Ort, zum Beispiel im eigenen Garten, wieder einsetzen. Jahr für Jahr kann man nun beobachten, wie aus dem Baumzwerg allmählich ein Baumriese wird.

9. Krötenei und Froschaugen

Ort: Weiher

Wenn an einem sonnigen Tag im Vorfrühling die Eisdecke auf Weihern und Tümpeln schmilzt, ist auch bald die Zeit der Amphibien gekommen. Frösche und Kröten wandern aus ihrem Winterquartier zu bestimmten Gewässern, die, nach den Eiern (= Laich) der Tiere, Laichplätze genannt werden. Dort findet man dann je nach Tierart verschiedene Laichballen. Frösche legen ihre Eier in Klumpen ab, die auch so groß werden können wie ein Fußball.

Kröten legen manchmal meterlange Laichschnüre, die sie um Pflanzenstengel im Wasser herumwinden. Diese Laichballen sehen aus wie Augen. Außenherum eine gallertige, durchsichtige Masse und innen je ein schwarzer Punkt. Man darf sie nicht anfassen, denn sie stehen unter Naturschutz. Aber man kann sie beobachten und feststellen, wie sich die Kaulquappen entwickeln. Wer zuhause einen Gartenteich hat, kann diese spannenden Vorgänge auch vor der eigenen Haustüre verfolgen.

10. Frühlingsgrüße

Ort: Wegesrand / Wald

Mit den ersten warmen Sonnenstrahlen im Jahr sprießen die Frühlingsboten überall aus dem Boden. Am Wegesrand der Huflattich, in den Wäldern das Buschwindröschen, die Märzenbecher und Leberblümchen. Sie nutzen das Licht und die Wärme, die zu ihnen auf den Waldboden durchdringen, solange die Bäume noch keine Blätter haben und Schatten auf sie werfen können.
Manchmal findet man richtige Blütenmeere, die aus dem Laub des letzten Jahres farbenfrohe Frühlingsgrüße schicken.

Rezepte für ein Frühlingsfest

FRÜHLING 13

Brötchenraupe — ergibt ca. 25 Brötchen

- 750 g Mehl
- 1 Teel. Zucker
- 40 g Hefe
- ¼ l Milch
- 1½ Teel. Salz
- 1/8 l Öl
- 2 Eier
- 2 Eßl. gehackte Petersilie
- 30 Champignons
- 1 Ei zum Bestreichen
- Fett für das Backblech
- 2 Gläser kleine Essiggurken
- 2 Grissini oder ersatzweise Salzstangen
- 2 Lakritztaler

Zubereitung

Das Mehl in eine Schüssel geben und in die Mitte eine Mulde drücken, Zucker und zerbröckelte Hefe in der Milch auflösen und in die Mulde gießen. Mit etwas Mehl vom Rand bestreuen. Salz, Öl, 2 Eier und die gehackte Petersilie auf den Mehlrand geben.
Von der Mitte aus alle Zutaten zu einem elastischen Teig verkneten, zudecken und ca. 30 min an einem warmen Ort gehen lassen.
In der Zwischenzeit die Champignons kurz kalt waschen und putzen. Den Teig nach dem Gehenlassen kurz zusammenkneten, in 4 Teile teilen und jedes Teigstück zu einer Rolle von ca. 35 cm ausformen.
3 der 4 Teigrollen in 7 Portionsstücke teilen à 5 cm. Die Teigstücke auf der leicht bemehlten Arbeitsfläche etwas auseinanderziehen. Jeweils einen Champignon daraufsetzen. Die Teigränder mit verquirltem Ei bestreichen, über der Füllung in der Mitte zusammendrücken.
Aus der letzten Teigrolle 2 Teigstücke à 5 cm abschneiden und genauso verfahren wie beschrieben. Das verbleibende Teigstück auswellen und die letzten 5 Champignons darauf verteilen. Die Teigränder ebenfalls bestreichen und über den Champignons zusammendrücken. Die Brötchen dicht nebeneinander auf vorbereitete Backbleche in 3-4 Schlangenlinien untereinander setzen. Das Kopfstück ebenfalls auf das Backblech setzen. Auf der mittleren Einschubleiste bei ca. 200°C 20-25 min backen. Umluft 180°C 25 min. Die Brötchen auskühlen lassen. Die einzelnen Raupenteile am besten auf einem großen Tablett oder Brett mit Zahnstochern zu einer großen Raupe zusammensetzen. Die Gurken abgießen, gut abtropfen lassen, halbieren und mit Zahnstochern als Füßchen an die Raupe stecken. Die Grissini als Fühler, die Lakritztaler als Augen am Kopf befestigen.

FRÜHLING

Kräutersüppchen

500 g Kräuter, z. B. Kerbel, Sauerampfer, Petersilie, junge Brennesselblätter, Spinat, 40 g Fett (Öl oder Butterschmalz) 1 Zwiebel, 60 g Mehl, 2½–3 l Flüssigkeit, 1/8 l Milch, 1/8 l Sahne, Salz und wenig Pfeffer, nach Belieben 2–3 Eßl. Reibkäse

Zubereitung:
Die Kräuter verlesen, grobe Stiele entfernen, gut waschen, abtropfen lassen, fein wiegen oder mixen. Die Zwiebel schälen und hacken. Das Fett erhitzen, die Zwiebel andünsten, Mehl darüber geben, mit andünsten, die Kräuter zugeben, mit kalter Flüssigkeit aufgießen und 5-10 min kochen, mit Milch und Sahne verbessern, mit Salz und Pfeffer abschmecken, nach Belieben mit wenig Reibkäse bestreuen.

Zum Verbessern:
2-3 alte Brötchen oder 4 Scheiben Vollkorntoast oder 4 Scheiben Schwarzbrot in Würfel schneiden und in 40 g Butter von allen Seiten knusprig braun abrösten, zur Suppe servieren. Die Menge ist ausreichend für ca. 20 Kinder.

Leibgericht der Feen

250 g Spaghetti,
Zutaten für die Kräutersauce: 20 g Fett, ½ Zwiebel, 30 g Mehl, ½ l Gemüsebrühe, Salz, reichlich frische Kräuter wie Sauerampfer, Petersilie, Dill, Kerbel, junge Brennesselblätter, Spinat, zum Verbessern: 4 Eßl. süße Sahne, etwas Reibkäse

Zubereitung: Die Spaghetti in kochendem Salzwasser weichkochen, abgießen und abschrecken. Für die Sauce: feingeschnittene Zwiebel in Fett glasig dünsten, Mehl zugeben, abrösten, mit kalter Flüssigkeit nach und nach aufgießen, glattrühren, zum Kochen bringen und bei mäßiger Hitze ca. 5-10 min kochen lassen. Die Kräuter sehr gut waschen, gut abtropfen lassen, fein wiegen oder mixen. 2/3 der Kräutermenge in der Sauce einmal aufkochen lassen, Rest der Kräuter mit Rahm und Reibkäse unter die fertige Sauce schlagen, abschmecken, nicht mehr kochen lassen. Die fertigen Nudeln unter die Kräutersauce mischen und in einer Schüssel anrichten.

Gemüse mit verschiedenen Dips

FRÜHLING 15

750 g Möhren
3–4 Kohlrabi je nach Größe
Radieschen
1 Blumenkohl
1 Salatgurke
nach Belieben 250 g frische Champignons

Zubereitung:
Das Gemüse waschen, schälen, in Stifte schneiden, Blumenkohl in Röschen teilen, Radieschen im Ganzen lassen und die Champignons je nach Größe halbieren. Das vorbereitete Gemüse auf Platten anrichten und mit verschiedenen Dips servieren.

Kräuterdip

1 Becher Schmand
(Sauerrahm 24 % Fett),
1 Becher Joghurt, ½ Becher Sahne,
nach Belieben eine kleine gehackte Zwiebel, 1 Bund Dill, 1 Bund Schnittlauch, ½ Bund Petersilie, 1-2 Essiggurken, 1 Teel. Senf, 1 Prise Zucker und Salz

Die Kräuter vorbereiten und fein wiegen. Die Essiggurken in sehr feine Würfel schneiden. Die vorbereiteten Zutaten mit der Sahne, dem Joghurt, Schmand und der Zwiebel glattrühren, mit Senf, Zucker und Salz abschmecken.

Eiersauce

2 Becher Joghurt,
1 Becher Cremefraiche, 4 Eier,
2 eingelegte Paprikaschoten oder Essiggurken in sehr feine Würfel geschnitten, Salz und Pfeffer,
1 Eßl. Zitronensaft, nach Belieben etwas Currypulver

Die Eier hart kochen, abschrecken und erkalten lassen, schälen und würfeln, mit den restlichen Zutaten zu einer Sauce verrühren, gut abschmecken.

Tomatendip

50 g Mayonnaise,
1 Becher Sauerrahm,
3 Eßl. Tomatenketchup,
1 Messerspitze Curry und Paprikapulver,
1 Prise Salz,
1 Teel. Senf

Alle Zutaten miteinander verrühren und gut abschmecken.

Die Tage werden jetzt immer länger, die Temperaturen laden immer öfter zum Spielen am Wasser ein und gerade im Frühsommer herrscht in der Natur eine bezaubernde Vielfalt an Formen und Farben. Die Wiesenblumen übertreffen sich an bunter Schönheit, Wildbienen, Schwebfliegen und Schmetterlinge nutzen das vielfältige Nahrungsangebot an Nektar und Pollen. Wer sich ganz früh aufmacht, erkennt, wieviele Spinnen unsere Wiesen bevölkern, weil sich an den Tautropfen, die sich an den Spinnwebfäden sammeln, die Netze gut erkennen lassen.

Sommer

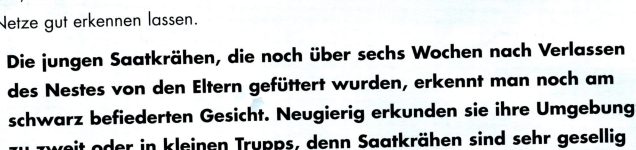

Die jungen Saatkrähen, die noch über sechs Wochen nach Verlassen des Nestes von den Eltern gefüttert wurden, erkennt man noch am schwarz befiederten Gesicht. Neugierig erkunden sie ihre Umgebung: zu zweit oder in kleinen Trupps, denn Saatkrähen sind sehr gesellig und helfen sich gegenseitig bei Gefahr.

SOMMER

1. Rühr-mich-nicht-an

Ort: Waldrand

Den Namen der Pflanze, die auch Springkraut heißt, nicht zu beachten, ist nicht nur ungefährlich, sondern macht sogar richtig Spaß. Wer zum ersten Mal die Schötchenfrüchte des Krauts zwischen den Fingern hält, erschrickt vielleicht ein bißchen.
Denn das Aufspringen und anschließende Zusammenkräuseln der Frucht verursacht ein regelrechtes Kribbeln an den Fingerspitzen.

Dann aber macht es richtig Spaß, während eines Spazierganges immer wieder mal zu testen, welche Früchte schon reif sind und aufspringen. Neben der heimischen, gelbblütigen Art gibt es bei uns mittlerweile recht häufig auch die indische Verwandte, eine Pflanze, die große rosa Blüten hat und auch an feuchten Stellen am Gewässer oder Waldrand wächst.

2. Blütenhände

Ort: Wiese
Material: Melkfett

In der Wiese findet man nun viele schöne Blüten. Wir können uns aber auch unsere eigene Phantasie-Blüte gestalten.
Dafür bekommen die Kinder etwas Melkfett auf den Handrücken, das gleichmäßig verstrichen wird. Nun geht jedes Kind selbst auf die Suche nach einzelnen Blütenblättern oder anderen Pflanzenteilen und kreiert seine Blume auf der Hand.
Durch das Melkfett haftet sie dort. Wenn sich anschließend alle Kinder in einen Kreis stellen und ihre Blütenhand nach innen halten, ergibt es eine wunderschöne große neue Blüte.

3. Wer hat die beste Nase?

Ort: Wiese, Wald
Material: 3 Greifsäckchen

Die Gruppe wird geteilt und die eine Hälfte erhält die 3 Greifsäckchen. Damit gehen sie auf die Suche nach duftenden Naturmaterialien und geben ein Exemplar in ein Säckchen. Haben sie alle 3 gefüllt, gehen sie zurück zur anderen Gruppe und die Kinder müssen riechen und raten, was es ist. Dabei bleiben die Augen natürlich geschlossen!

Haben die Kinder die Düfte erkannt, werden die Gruppen getauscht. Und, wer hat die beste Nase?

4. Tastmemory

Ort: überall
Material: 24 Karten (6 x 6 cm), gesammelte Naturmaterialien, Schere, Uhu

Die Gruppe zieht los und sucht in einem geeigneten Gelände Naturmaterialien wie z. B. Federn, Moos, Zapfen, Blätter, die man gut ertasten kann. Dabei sollten von jeder Sache zwei Exemplare gesammelt werden. Hat man genügend zusammen, läuft man zurück zum Kindergarten oder sucht sich einen schönen Platz in der Natur und bastelt das Memory.
Das geht so: Auf die schon zurechtgeschnittenen Karten gibt man etwas Uhu und klebt das Material darauf. Jeweils zwei Karten werden mit dem selben Material beklebt. Ist alles aufgeklebt, kann das Spiel beginnen. Ein Kind bekommt die Augen verbunden und muß versuchen, gleiche Paare durch Ertasten zu finden. Die „Sehenden" kontrollieren, ob die richtigen Paare ertastet wurden. Hat es alle Paare gefunden, ist der nächste an der Reihe. Man kann auch eigene Spielregeln absprechen.

SOMMER

5. Bunte Brillen

Ort: Blumenwiese
Material: Pappbrillen, verschiedenfarbige Folien

Der Mensch kann Farben wahrnehmen, die im sichtbaren Bereich zwischen 400 nm und 700 nm liegen.

Die Farben rot, orange, gelb, grün, blau und violett können im Farbkreis angeordnet werden. Die darin sich gegenüberliegenden Farben, man nennt sie Komplementärfarben, ergänzen sich immer zu weiß. Also rot und grün, blau und orange, gelb und violett.

Nun kann man folgendes Experiment machen: In die selbstgebastelten Pappbrillen legt man nacheinander verschiedene Farbfolien ein und geht eine Weile damit durch die Natur.

Legt man z. B. eine grüne Folie ein, so kann man mit der Brille keine Rottöne mehr wahrnehmen, alles was rot war, erscheint nun grau oder schwarz. Entsprechendes passiert mit den anderen Farbfolien. Anschließend sprechen wir über unsere neuen Eindrücke: Wie gefällt uns die Welt, z. B. ohne Rot, wie wäre ein Spaziergang in der freien Natur, wenn es kein Grün mehr gäbe?

6. Kleines Wasserklärwerk

Ort: Kindergarten
Material: 4 Joghurtbecher, Filtertüte

Mit diesem Experiment kann nachvollzogen werden, wie die verschiedenen Bodenschichten Schmutzstoffe aus dem Wasser filtern. In die Böden der Joghurtbecher wird ein ca. 2 cm starkes Loch gebohrt. Nun werden die Becher gefüllt: 1) Becher mit Filtertüte 2) Becher mit Sand 3) Becher mit Erde 4) Becher mit Kies. In dieser Reihenfolge (Becher 1 ganz unten) werden die Becher ineinander gestellt. Der Becherturm kommt in ein Glas und dann wird vorsichtig schmutziges Wasser, z. B. Putzwasser, in den obersten Becher des Klärwerks gegossen.

Das Schmutzwasser tropft langsam durch die vier Reinigungsstufen und am Glasboden sammelt sich das gereinigte, klare Wasser.

7. Segelregatta

Ort: Bach
Material: Rindenstücke, Zahnstocher, Laubblätter

Jedes Kind sucht sich ein größeres Rindenstück und ein möglichst großes Laubblatt als Segel.
Der Zahnstocher (oder ein kleinerer Stock) wird oben und unten durch das Blatt gestochen, das Blatt etwas zusammengeschoben, so daß ein Segel am Mast entsteht.
Nun wird der Zahnstocher fest in die Rinde gedrückt. Fertig sind unsere Boote für die große Regatta!
An einem Bach kann man ein Wegstück markieren (Start- und Endpunkt) und dort die Regatta starten. Immer paarweise werden die Boote ins Wasser gelassen und auf ein Zeichen hin losgelassen. Nun können die Kinder neben ihren Booten herlaufen und schauen, welches als erstes die Ziellinie erreicht hat.

Je nach Strömung treiben die Boote unterschiedlich schnell dahin. Anhand der verschiedenen Lebensräume des Gewässers kann auf die vielfältige Tier- und Pflanzenwelt im Lebensraum Wasser hingewiesen werden.

Tip:

Es läßt sich fast nicht vermeiden, daß Boote in der Uferböschung hängenbleiben. Für diesen Fall sollte man einen langen Stock mitnehmen und sie wieder ins freie Wasser dirigieren.

8. Blätter suchen lassen

Ort: Wiese
Material: DIN A5-Blätter, Klebstoff

Auf jedes DIN A5-Blatt wird ein Laubblatt geklebt. Nun erhält jedes Kind ein Blatt und soll in der Wiese die dazu passende Pflanze finden. Hat es diese gefunden, soll es zum Beweis ein weiteres Laubblatt von dieser Pflanze mitbringen.

In einer gemeinsamen Runde werden die Blätter gezeigt, deren Herkunft geklärt und vor allen Dingen auf die unterschiedlichen Blattformen eingegangen. Die Pflanzen sollten bei kleineren Kindern möglichst einfach ausfallen (z. B. Löwenzahn, Gänseblümchen).

SOMMER

9. Als Ameise durch den Grashalmdschungel

Ort: Wiese
Material: Becherlupen, Holzstäbe mit Wollfaden

Indem wir die Ameisenperspektive einnehmen, erleben wir die Wiese einmal völlig anders. Die Kinder bekommen ein Paar Holzstäbe, die mit einem Wollfaden miteinander verbunden sind und eine Becherlupe. Jedes Paar soll sich einen schönen Platz aussuchen (wenn die Wiese sehr hoch ist nur am Rand) und dort seinen Wollfaden spannen, so daß er sich ca. 30 cm über dem Boden befindet. Dann sollen alle Kinder sich vorstellen, sie sind eine Ameise und krabbeln an dem Faden entlang auf die andere Seite. Ein Kind fängt an einem Ende an, jeweils auf der anderen Seite das andere Kind. Der Kopf soll dabei nicht höher als der Wollfaden sein, damit man die vielen kleinen Tiere in der Wiese auch erkennt.

Man kann die Tiere in seine Becherlupe tun, um sie in Ruhe anzuschauen. In einer anschließenden Runde kann jede Gruppe ihre Tiere vorstellen. Dabei stellen wir unterschiedliche Merkmale der Krabbeltiere fest. Wieviele Beine hat eine Spinne? Wie bewegt sich die Heuschrecke fort? Wieviele Körperteile besitzt eine Ameise? Die Tiere können zusammen mit den Kindern im Bestimmungsbuch nachgesehen werden.

10. Eine Raupe putzt sich

Ort: Wiese

Dies ist ein Spiel, das man gut im Anschluß an „Als Ameise durch die Wiese" spielen kann. Alle Kinder setzen sich hintereinander als Raupe in die Wiese. Man erklärt, daß eine Raupe aus vielen Segmenten besteht und jedes Kind ein Segment darstellt.

Die Raupe will ausgehen und muß sich vorher noch dringend putzen. Das geht vom letzten Glied aus, das etwas an seinem Vordermann macht (z. B. an den Ohren ziehen, auf Schulter klopfen, im Nacken streicheln etc.). Der Vordermann spürt die Bewegung und gibt sie weiter. So pflanzt sich die Bewegung bis zum ersten Glied fort. Ist sie vorne angekommen, wird von hinten wieder ein neues Signal losgeschickt. Dabei sollen die Kinder nicht schauen, sondern nur fühlen.

11. Was schwimmt, was geht unter?

Ort: Gewässer
Material: verschiedene Naturmaterialien
(Feder, Stein, Rinde, Zapfen, Blatt, Moos etc.)

Die einzelnen Materialien werden nacheinander gezeigt und die Kinder sollen bei jedem Gegenstand sagen, ob er schwimmt oder untergeht. Wenn alle Kinder ihre Meinung kundgetan haben, startet man den Versuch und legt den Gegenstand auf das Wasser.

So finden die Kinder im Experiment heraus, welches Material leicht oder schwer ist und deshalb auf dem Wasser bleibt oder untergeht, welches eine große Oberfläche hat und deswegen besser schwimmt als eines mit einer geringeren Oberfläche. Man kann beobachten, daß eine Feder zwar mit dem Wasser Kontakt hat, aber nicht naß wird, weil sie eingefettet ist.
Das Moos schwimmt zu Beginn, saugt sich dann voll Wasser und geht schließlich unter.

12. Die Baumstumpfburg

Ort: Wald

Wenn Bäume sterben oder gefällt werden, bleibt nur noch die Erinnerung an ihre ehemalige Pracht und ein vor sich hin modernder Baumstumpf. Aber diese Orte müssen gar nicht traurig stimmen, denn eigentlich stecken sie voller Leben. An dem toten Holz haben sich viele neue Bewohner angesiedelt. Moose, Flechten und Pilze schmücken mit ihren Farben und Formen das Holz.

Aufgebrochene Rinde und abbröckelndes Holz schaffen Höhlen und Spalten, in denen viele Bodenlebewesen zu finden sind. Was spricht dagegen, hier noch mehr neue Bewohner einziehen zu lassen. Mit verschiedenen Naturmaterialien basteln wir uns Mooszwerge, Baumköniginnen und einen Schloßhund, der die Burg vor den Räubern des Waldes bewacht. Und obendrauf kommt natürlich eine Fahne.

13. Körper wie aus Glas

Ort: Wasser

Meistens schwirren Libellen auf der Jagd nach Insektenfutter schnell durch die Luft, so daß wenig Zeit zum Beobachten bleibt. Wenn man sich aber einmal längere Zeit an einem Gewässer aufhält, dann kann man die filigranen Geschöpfe, die wie glasgeblasen aussehen,

ausgiebig betrachten. Als Larven leben sie im Wasser, krabbeln dann Ende Mai an Pflanzenstengeln hoch, um sich dort zu verpuppen und danach als fertige Libelle zu schlüpfen. Der ganze Vorgang dauert in etwa eine Stunde. Die zurückbleibende Larvenhaut kann man

SOMMER

mit nach Hause nehmen, um die Natursammlung zu ergänzen.
Es gibt Groß- und Kleinlibellen, die sich nicht nur durch die Größe, sondern auch durch das Verhalten unterscheiden.
Auf einem Blatt sitzend legen die Kleinlibellen die Flügel über dem Körper zusammen, die Großlibellen spreizen sie waagerecht vom Körper ab. Wenn Libellen sich paaren, bilden sie Räder, das heißt, Weibchen und Männchen halten sich gegenseitig so fest, daß aus den Körpern ein Kreis entsteht.

14. Elfengeschenke

Ort: Wald
Material: bemalte Eierkartons für 6 Eier als Schatzkistchen, Duftöl

Gemütlich auf einer Decke im Wald zusammengekuschelt, wird die Geschichte von den zarten Waldelfen erzählt, den guten Waldgeistern, die in den Bäumen wohnen.
Jede Waldelfe hat besondere Vorlieben, z. B. mag die eine Elfe besonders gerne runde und eckige Spielsachen, eine andere liebt feuchte und trockene, eine dritte stachelige und glatte, eine vierte weiche und harte Dinge usw. Wenn sich Elfen freuen, verströmen sie einen wundersamen Duft. Jedem Kind wird eine bestimmte Elfe zugeteilt.
Die Kinder sollen nun für die Elfe „Lieblingsgeschenke" aus der Natur suchen. Dazu wird jedes Schatzkistchen mit je drei Gegenständen von der einen Eigenschaft und drei Dingen von der entgegengesetzten Eigenschaft gefüllt. Gemeinsam werden die gefundenen Schätze bewundert und betastet, ob sie sich auch „richtig" anfühlen.
Die Geschenke werden an einem verschwiegenen Platz im Wald aufgebaut, damit sich die Elfen heranwagen, und nach einer ganzen Weile, wenn die Kinder nachschauen, ob die Elfen schon da waren, riechen die Geschenke und der ganze Platz nach Veilchen oder Himbeere (Duftöl!).

15. Waldgeisterbahn

Ort: Wald
Material: Leuchtpapier, Knete, Stoffreste, Draht, Zahnstocher

An einem knorrig aussehenden Baumstumpf wird gezeigt, wie er sich mit Hilfe von Farnwedeln als Haarersatz, einem Zapfen als Nase, einigen Rindenstückchen als Zähne in eine Zauberfigur verwandeln läßt. Leuchtpapier und Knetaugen tun ein übriges, um einen fürchterlichen oder freundlichen Waldgeist entstehen zu lassen. Es soll möglichst wenig mit Papier, Stoff oder Knetmasse, sondern mehr mit Naturmaterialien gearbeitet werden.
Die Auswahl von geeigneten Baumstümpfen und -stämmen kann gemeinsam geschehen, die Ausgestaltung der Waldgeister sollte durch Kleingruppen erfolgen, möglichst entlang eines Weges.
Der Höhepunkt ist natürlich eine Nacht- oder Abendwanderung entlang der Waldgeisterbahn, wenn die Augen und Zungen im Licht der Taschenlampen funkeln.

Renner für's Sommerfest

SOMMER

Piratentrunk

2 l Wasser
10 Beutel Früchtetee
8 Eßl. Honig
½ l Apfelsaft
½ l Johannisbeersaft
6 Eßl. Zitronensaft

Zubereitung:
Teewasser kochen und die Beutel 10 min darin ziehen lassen. Den Honig im Tee auflösen und abkühlen lassen. Vor dem Servieren mit Apfel-, Johannisbeer- und Zitronensaft mischen. Als Verzierung eine eingeschnittene Zitronenscheibe auf das Glas stecken. Die Menge ist ausreichend für ca. 20–25 Portionen.

Blauer Engel

Getränk für ca. 4 Portionen

1 Tasse Heidelbeeren
1 Banane
2 Eßl. Zucker
½ l Vollmilch

Zubereitung:
Die Heidelbeeren und die Banane im Mixaufsatz der Küchenmaschine pürieren, mit Milch aufgießen und mit Zucker abschmecken. Gut gekühlt servieren.

Biene Maja

Unser Durstlöscher

1 l Apfeltee, dafür 4 Beutel Tee verwenden
1 Vanilleschote
½ l Orangensaft
Honig nach Geschmack

Zubereitung:
Vanilleschote in kleine Stücke schneiden und mit dem Tee aufbrühen. 10 min ziehen lassen. Abseien, Orangensaft dazugeben, mit wenig Honig geschmacklich abrunden. Den Durstlöscher warm oder eiskalt trinken.

SOMMER

Beerengeknusper

6 Eßl. Haferflocken
2 Eßl. Zucker
30 g Butter
500 g Quark

¼ l Milch
8 Eßl. Sahne
3–4 Eßl. Honig oder Zucker
750 g Beerenfrüchte nach Wahl

Zubereitung:

Haferflocken mit Butter in einer Pfanne abrösten, Zucker darüberstreuen und karamelisieren lassen. Den Quark mit der Milch und Sahne, dem Honig oder Zucker miteinander glattrühren, die Früchte vorbereiten und bei Bedarf kleinschneiden.

Das Ganze abwechselnd in eine Glasschüssel schichten – Quark, Früchte, Knusperflocken – Abschluß Quark und ein zurückbehaltenes Fruchtstückchen oder Beere.

Die Menge ist für 10 Kinder ausreichend.

Apfelkaltschale mit Sommerblumenblüten

500 g säuerliche Äpfel
¼ l Apfelsaft
1/8 l Zitronensaft
¼ l Wasser
2 Eßl. Stärkemehl
ca. 150 g Zucker
(zur Garnitur frische Blütenblätter von Gänseblümchen, Veilchen oder Borretsch)

Zubereitung:

Die Äpfel schälen, vierteln und das Kernhaus entfernen, in Würfel schneiden. Die Äpfel mit dem Apfelsaft, Zitronensaft und dem Wasser bei mittlerer Hitze nicht zu weich kochen.

Die Äpfel abgießen, den Sud dabei auffangen. Das Stärkemehl mit wenig kaltem Wasser anrühren, unter den Sud mischen, aufkochen, zuckern und danach die Apfelwürfel zugeben.

Die Kaltschale abkühlen lassen. Kurz vor dem Servieren mit verschiedenen Blütenblättern bestreuen. Es können anstatt der oben genannten Blüten auch die Blüten der Kornblume, Ringelblume, Lavendel, Salbei bzw. Rosmarin verwendet werden.

Steckenbrote...

SOMMER 27

Zutaten

- 300 g Magerquark
- 12 Eßl. Öl
- 2 Eier
- 4 Eßl. Milch
- 1½ Teel. Salz
- 600 g Weizenmehl
- 1½ Pck. Backpulver
- 2 Eßl. Schnittlauch in Röllchen geschnitten

Zubereitung:

Quark mit Öl, Ei, Milch, Salz gut verrühren, bis Masse gleichmäßig gebunden ist.

Die Hälfte des mit Backpulver gemischten Mehls unterrühren, den Rest der Mehlmischung zusammen mit den Schnittlauchröllchen rasch unterkneten, bis der Teig eine glatte Beschaffenheit hat.

Aus dem Teig ca. 30 cm lange fingerdicke Rollen formen. Jede als eine Schlange um die Spitzen der langen Holzruten wickeln und über offenem Feuer goldbraun backen.

Diese Steckenbrote können auch auf dem Grill rundherum goldbraun gebacken werden.

Das Grün der Laubbäume wandelt sich langsam in ein buntes Blätterkleid aus Gelb-, Braun- und Rottönen. Die letzten kräftigen Sonnenstrahlen lassen die Früchte der Bäume und Sträucher reifen. Die mehrjährigen Pflanzen legen die Knospen für das nächste Jahr an und auch die Tierwelt bereitet sich auf den Winter vor. Die Winterschläfer fressen sich noch dick und rund, Amphibien und überwinternde Insekten suchen geschützte Überwinterungsplätze.

Unsere Saatkrähen sehen dem Winter gelassen entgegen. Sie nutzen jetzt das breite Nahrungsangebot an Beeren, Früchten und Knollen. Regenwürmer bilden zwar die Hauptbeute neben Insekten und Insektenlarven oder Mäusen, aber auch Getreide steht auf der Beliebtheitskala weit oben auf dem Speiseplan.

Herbst

HERBST

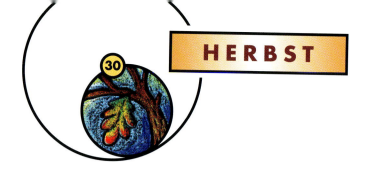

Informationen über Herbstblätter

Wenn im September der Boden kühler wird, läßt die Saugfähigkeit der Baumwurzeln nach. Später bei Frost kann der Baum gar kein Wasser mehr aufnehmen. Will er dann nicht vertrocknen, muß er rechtzeitig anfangen, Wasser zu sparen. Das meiste Wasser verbrauchen die Blätter.
An einem einzigen Tag verdunstet ein einziger Laubbaum mehrere hundert Liter!

So muß der Baum im Herbst seine Blätter abwerfen, damit er den Winter überleben kann. Doch vorher wird das Chlorophyll, das Blattgrün, abgebaut. Es hatte vorher alle anderen Farben verdeckt, die auch noch im Blatt waren und nun zum Vorschein kommen. So entstehen die roten und gelben Blätter im Herbst.

1. Herbstkrone

Ort: Kindergarten
Material: Pappstreifen, Kleber, Heftklammern, Ahornblätter

Ahornblätter erinnern mit ihren spitzen Blättern an Kronen.
Es werden ca. 4 cm breite Pappstreifen vorbereitet, die lang genug sind, um einen Kinderkopf zu umfassen.

Nun ziehen die Kinder los und suchen sich schön gefärbte Ahornblätter. Der Stiel wird abgeknickt und die Blätter mit den Spitzen nach oben nebeneinander auf den Pappstreifen geklebt. Nun wird jede Krone dem Kopf des Kindes angepaßt und mit einer Heftklammer fixiert. Die vielen kleinen Könige und Königinnen können jetzt nach Herzenslust im Laub spielen.

2. Rubbelbilder

Ort: Kindergarten
Material: Laubblatt, Wachsmalkreide, Zeichenpapier

Wir legen ein schön strukturiertes, möglichst festes Laubblatt unter ein Zeichenpapier. Jetzt können wir die Blattstruktur, die Form, die Aderung mit verschiedenen Wachsmalkreiden oder Buntstiften vorsichtig abrubbeln.
Zu beachten ist dabei, daß eine Strichrichtung eingehalten werden soll. Anschließend kann man auf die verschiedenen Blattformen eingehen und eine Blatt-Ausstellung arrangieren.

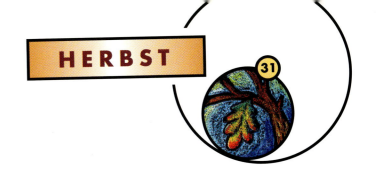

HERBST

3. Blätter-Memory

Ort: Kindergarten
Material: viele verschiedene Laubblätter, Löschpapier, 30-40 gleich große Pappkärtchen, Klebstoff

Lauft durch einen gemischten Laubwald und sammelt viele verschiedene Laubblätter (pro Baumart mindestens 2). Legt die Blätter zwischen Löschpapierbögen, die mit einem dicken Buch beschwert werden (am besten eignen sich Telefonbücher). Nach ein paar Tagen könnt ihr euch unter den gepreßten Blättern die schönsten Blätterpaare heraussuchen. Klebt sie auf die Pappkärtchen auf, so daß ihr zum Schluß je zwei Karten mit sehr ähnlichen Blättern habt. Nun könnt ihr Memory mit den euch sicher bekannten Regeln spielen.

4. Flugdrachen

Ort: überall
Material: Kastanien, Bast, buntes Kreppapier

Wir gehen Kastanien sammeln und jedes Kind sucht sich eine besonders schöne aus. Mit der Ahle des Taschenmessers bohren wir ein Loch durch die Kastanie und binden dadurch ein Stück Bast, so daß eine Schlaufe entsteht. Nun sucht sich jedes Kind zwei Farben von dem Kreppapier aus und schneidet mit der Schere von dem zusammengerollten Papier ein ca. 2 cm breites Band ab. Die zwei Bänder werden am Ende zusammengerollt und in ein zweites kegelförmig gebohrtes Loch in der Kastanie gesteckt. An der Bastschleife kann man den Flugdrachen nach Herzenslust durch die Lüfte schleudern. Die Kinder können sie alle zusammen von einer Linie aus losschleudern oder sich ihre Flugdrachen gegenseitig zuwerfen.

5. Kastanienspiele

Ort: Kindergarten

Kastanien eignen sich hervorragend zum Basteln für alle Phantasietiere, -figuren und Fabelwesen, die alle zusammen in der Natur zuhause sind. Für Kastanienkobolde sucht man sich vier Kastanien, die den Körper, den Kopf und die beiden Füße darstellen. Die einzelnen Teile verbindet man mit Zahnstochern, die in die Kastanien gesteckt werden. Für den Kopf braucht man nun noch einen Hut, der sich aus einer aufgesprungenen Buchecker herstellen läßt. Ein Paar Beeren als Augen und einen Kranz aus Blättern um den Hals und schon ist er fertig, der kleine Kobold.

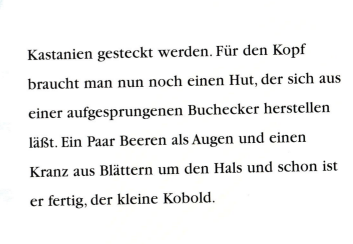

HERBST

Kastanienbadewanne:

Fleißige Kastaniensammler wissen oft gar nicht, wohin mit den vielen zusammengetragenen Schätzen und leeren sie zunächst mal in eine kleine oder mittlere Badewanne. Und nun ist es bei den Kindern ein beliebtes Spiel, in diese Wanne zu steigen und sich durch die eigenen Bewegungen immer tiefer sinkend wohlig in den Kastanien zu baden.

7. Kartoffelfeuer

Ort: Kartoffelacker
Material: Kartoffeln, Kartoffelkraut, Kräuterquark, Salz, Butter, Löffel, Streichhölzer

Dazu trifft man sich am besten 1 Stunde vor Sonnenuntergang draußen auf dem Acker. Man sammelt zuerst das noch herumliegende Kraut, ein paar Äste und die Kartoffeln, die von der Ernte liegengeblieben sind. Aus dem Kartoffelkraut und wenigen Holzstöckchen macht man einen Haufen, der angezündet wird und in der beginnenden Dämmerung herrlich leuchtet.

In die entstehende Glut kann man nun die Kartoffeln einfach so hineinlegen. Nach ca. 20 Minuten sind sie gar. Währenddessen kann man sich völlig auf die ursprüngliche und „erdnahe" Atmosphäre einlassen. Kinder haben damit ohnehin keine Probleme, sie genießen es, nur am Rande des Feuers zu stehen und mit dem Stock darin herum zu stochern. Vielleicht kennt jemand ein Lied oder eine Geschichte, die man bei Gelegenheit einflechten kann. Sind die Kartoffeln gar, holt man sie aus dem Feuer. Die schwarz gewordene Schale schneidet man auf und löffelt das köstliche, heiße Innere heraus. Dazu paßt gut Kräuterquark oder auch einfach nur Butter und Salz.

HERBST

8. Maismännchen

Ort: Kindergarten
Material: Mais, Kreppapier, Beeren, Zahnstocher

Wenn im Herbst der Mais geerntet wird, kann man mit den Kindern einen Ausflug zu einem Maisfeld machen und den Bauern fragen, ob jedes Kind sich einen Maiskolben nehmen darf. Die Maiskörner sind unter vielen grünen Blättern versteckt. Wenn man die Blätter vorsichtig nach unten biegt, kommt etwas zum Vorschein, das wie langes blondes Haar aussieht. Das Haar kann man mit Kreppapier hochstecken oder als Pferdeschwanz binden. Nun fehlt dem Maismännchen oder besser der Maisfrau noch ein Gesicht. Zu dieser Jahreszeit finden wir viele Beeren, z. B. Hagebutten. Mit diesen kann man Augen und Nase basteln. Zwei kleinere Beeren werden auf abgebrochene Zahnstocher gesteckt und als Augen verwendet, eine größere Beere (Hagebutte) wird genauso aufgesteckt und dient als Nase. Die Maismännchen können je nach Phantasie der Kinder gestaltet werden.

6. Apfelsaft selbst gemacht

Ort: Kindergarten
Material: Saftpresse, Äpfel, Gläser

Wenn man sich den Apfel als Thema auswählt, fallen einem eine ganze Reihe von Aktionen ein, die man dazu machen kann. Eine besonders schöne und „runde" Sache ist die Herstellung von Apfelsaft. Angefangen vom Sammeln auf der Streuobstwiese über das Zerschnipseln und Pressen der Apfelstücke können die Kinder unter Anleitung viel selbst machen und bekommen als Ergebnis ihrer Bemühungen auch noch „flüssiges Gold", den frischen, leckeren Apfelsaft heraus. Eine Saftpresse, die genügend Saft für alle Kinder produziert, kann man sich vom Obst- und Gartenbauverein ausleihen. Neben dem Erfrischungsgetränk Apfelsaft kann man auch noch auf der gleichen Grundlage einen heißen Kinderpunsch für kühlere Abende bereiten. Man mischt dann einfach noch Orangensaft, ein bißchen Zitrone und Früchtetee dazu, würzt mit Zimt und versüßt das Ganze mit Honig.

HERBST

Süß-saurer Herbst

Unser Goldschatz

Für die Füllung:
50 g Aprikosenkonfitüre
125 g Honig
50 g gehackte Haselnüsse
50 g gehobelte Haselnüsse
1 Teel. fein abgeriebene Zitronenschale

Für den Teig:
600 g Mehl
¼ l Milch
1 Teel. Zucker
1 Pck. Hefe
2 Eier
50 g Butter
1 Prise Salz

Zum Garnieren:
Puderzucker
Eiweiß
Speisefarben

ZUBEREITUNG

Die Aprikosenmarmelade und den Honig erwärmen, Nüsse und Zitronenschale unterrühren und kalt werden lassen. Das Mehl in eine Schüssel geben, in die Mitte eine Mulde drücken, Milch mit Zucker lauwarm werden lassen, die zerbröckelte Hefe darin auflösen, Hefemilch in die Mehlmulde gießen, mit etwas Mehl vom Rand bestäuben, die Eier, Butter, Salz auf den Mehlrand geben. Von der Mitte aus alle Zutaten zu einem Teig verkneten. Zugedeckt läßt man den Teig an einem warmen Ort so lange gehen, bis sich das Teigvolumen verdoppelt hat.

Den Teig dann kurz zusammenkneten und zu einer Rolle formen. Unterschiedlich große Stücke davon abschneiden, je nach Größe 1 Teelöffel oder 1 Eßlöffel Nußfüllung in die Mitte drücken und zu „Steinen" formen.
Die Nahtstelle gut zusammendrücken. Mit der Nahtstelle nach unten auf ein dünn gefettetes Backblech setzen und unter einem Tuch noch einmal 10 min gehen lassen. Dann auf der 2. Einschubleiste von unten bei 200°C 15–20 min backen. Auf Kuchengittern abkühlen lassen.

Für die Glasur:
500 g Puderzucker sieben und mit 2 Eiweiß verrühren. Etwa die Hälfte vom Zuckerguß abnehmen und mit Zitronensaft dünnflüssig rühren. Die kleinen Kuchen damit überziehen. Den restlichen Guß abdecken, sobald die erste Glasur trocken ist, diesen Zuckerguß in einer kleinen Schüssel mit wenig Zitronensaft glattrühren und mit Speisefarbe oder Ringelblumensafran gelb einfärben. Diesen gefärbten Zuckerguß mit einem Eßlöffel über die Kuchen geben, dabei mit der Höhlung des Eßlöffels um die Rundungen verteilen. Den Guß trocknen lassen.

Ringelblumensafran:
Die Blütenblättchen der Ringelblume abzupfen, trocknen, in Gläsern verschlossen aufbewahren. Zum Gelbfärben die Blättchen fein zermahlen, entweder in der Kaffee- oder Kräutermühle, und dann zum Einfärben verwenden.

Kleine Piratenschiffe

für ca. 30 Portionen

15 Kartoffeln mittelgroß
500 g Sahnequark 40 %
3 Eßl. Sahne
1 Bund gehackte Petersilie
2 Eßl. geraspelter Käse
5 Paprikaschoten

Zubereitung:

Die Kartoffeln kräftig abbürsten, 20 min garen, abgießen, etwas abkühlen lassen, halbieren, das Innere mit einem Teelöffel auskratzen, dabei die Schale mit einem Rand stehen lassen. Quark, Sahne, gehackte Petersilie zur Kartoffelmasse geben und pürieren, salzen und pfeffern.
Die Masse mit Hilfe von 2 Teelöffeln in die Kartoffelhälften geben. Die Paprikaschoten der Länge nach in 6 Streifen schneiden. Jeweils den Paprikastreifen am oberen und unteren Ende durch den Schaschlikspieß aufstecken und in die Kartoffel einstecken als Fahne für die Schiffe.

2. Möglichkeit:
Die gewaschenen, gebürsteten Kartoffeln der Länge nach halbieren. Mit der Schnittfläche nach oben auf ein leicht geöltes Backblech legen und salzen. Im vorgeheizten Backofen bei 200°C auf der 3. Einschubleiste von unten 1 h backen (Umluft 200°C, 50 min).
Die Kartoffeln ebenfalls mit einer Paprikafahne wie oben beschrieben fertigstellen.

Piratensuppe

HERBST

4 Eßl. Öl, 2 Zwiebeln
1½ kg Tomaten oder 8 Eßl.
Tomatenmark, Thymian

Zubereitung:

Fein geschnittene Zwiebel in Öl glasig dünsten, Tomatenmark oder gewaschene, gehäutete, klein geschnittene Tomaten zufügen, gut durchdünsten, bis Tomaten weich sind, Thymian und nach Belieben fein zerdrückten Knoblauch zugeben, Flüssigkeit aufgießen (bei frischen Tomaten Flüssigkeitsmenge reduzieren), bei mäßiger Hitze ca. 10 min leise kochen lassen.

Als Einlage Fischklößchen:

600-750 g Seefischfilet, 2 alte Vollkornbrötchen, eingeweicht, 2 Eier, Salz, etwas Petersilie, 1 Zwiebel

Zubereitung:

Fischfilet kurz waschen, gut abtropfen lassen, Fisch und eingeweichte, gut ausgedrückte Semmeln sehr fein zerhacken, fein geschnittene Zwiebeln und Petersilie zugeben, Eier untermengen und alle Zutaten gut mischen, abschmecken.
Aus diesem Teig mit Hilfe von 2 Teelöffeln kleine Klößchen abstechen, diese in die kochende Tomatensuppe einlegen, aufkochen lassen, 10 min ziehen lassen, die Suppe mit Salz und einer Prise Zucker abschmecken und mit Sahne und wenig geriebenem Käse verbessern und anrichten.
Zu dieser Suppe Brötchen oder Weißbrot für die Kinder mit anbieten.

HERBST
Pilzpüfferchen

1 Bund glatte Petersilie
2 Zwiebeln
1 kg Champignons
8 Eier
½ Becher saure Sahne
50 g Semmelbrösel oder Weizenvollkornmehl
3 Eßl. Haferflocken
1 Teel. Salz
etwas Pfeffer, Öl zum Backen oder Braten

ZUBEREITUNG

Die Petersilie waschen und fein hacken. Die Zwiebeln schälen und fein würfeln. Die Pilze waschen, an den Stielenden etwas kürzen und entweder auf der groben Haushaltsreibe raffeln oder durch die Küchenmaschine geben. Dann die Eier, Sahne, Semmelbrösel oder Mehl sowie Haferflocken und die Gewürze unterrühren und abschmecken. Ein Backblech vorbereiten. Jeweils 2 Eßl. Teig auf das Backblech setzen, mit einem nassen Löffel zu einem Puffer glattstreichen. Die Puffer mit wenig Fett oder Öl bepinseln und in der vorgeheizten Röhre bei 200°C ca. 10-15 min backen. Die Pilzpuffer können auch in der Pfanne ausgebacken werden. Dazu 1-2 Eßl. Öl in der Pfanne erhitzen, 2 Eßl. Teig in die Pfanne geben, mit einem Eßlöffel glattstreichen und von jeder Seite ca. 3-4 min backen, bis die Puffer kross und braun sind. Herausnehmen und servieren. Die Masse ergibt ca. 25 kleine Puffer.

Waffeln mit Beerensoße

HERBST

300 g Weizenvollkornmehl
Schale einer unbehandelten Zitrone
1 Prise Salz
350 ml Mineralwasser
3 Eßl. Honig
2 Eier
150 g Butter
nach Belieben 50 g geriebene Nüsse

Zubereitung:
Das Mehl mit der abgeriebenen Zitronenschale, dem Salz, dem Mineralwasser und dem Honig mischen. Die Eier verquirlen und unterrühren, die Butter zerlassen und zusammen mit den Nüssen zu dem Teig geben. Den Teig 20 min quellen lassen. Waffeleisen vorheizen, dünn fetten, Teig portionsweise einfüllen und ausbacken. Auskühlen lassen. Die Waffeln mit einer Fruchtsauce servieren.

200 g Holunderbeeren
2 Äpfel
1 Eßl. Vollkornmehl
Honig nach Geschmack
1 Prise Zimt
1 Teel. abgeriebene Zitronenschale
1 Becher Sahne

Zubereitung:
Die Holunderbeeren verlesen und waschen. Die Äpfel waschen, vierteln, das Kerngehäuse entfernen und in sehr kleine Würfel schneiden. Mit den Holunderbeeren auf kleiner Flamme dünsten (es entsteht sehr viel Flüssigkeit, diese mit dem Vollkornmehl binden). Die Früchte mit Honig, Zimt und Zitronenschale abschmecken und abkühlen lassen. Die Sahne steif schlagen und unter die kalte Fruchtmasse heben. Zusammen mit den Waffeln servieren.

Die meisten Pflanzen befinden sich in winterlicher Vegetationsruhe, nur die Nadelbäume behalten ihre grünen Blätter.
Auch in der Tierwelt ist es ruhig geworden: die Zugvögel sind im warmen Süden, ein Teil der Säugetiere befindet sich im Winterschlaf. Bei frisch gefallenem Schnee können wir die Spuren vieler Tiere beobachten, die uns sonst kaum auffallen würden.

Winter

Gegen Ende des Winters suchen sich unsere Saatkrähen jetzt einen Partner.

Das Männchen lockt die Weibchen mit seinem Plaudergesang an und wirbt mit Futter während der Balz um die Gunst des Weibchens.
Haben sich die Partner einmal gefunden, so hält die „Ehe" jahre- oder lebenslang. Wie jedes Jahr überwintern viele Saatkrähen aus Osteuropa bei uns in Mitteleuropa, und wir können oft Schlafplätze mit bis zu 30.000 Tieren beobachten.

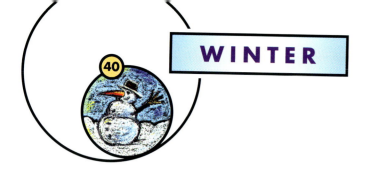

WINTER

1. Winterfütterung von Vögeln

Ort: Kindergarten
Material: Kokosnuß, Rundstab, Rindertalg, Weizenkleie, Salatöl, verschiedene Nüsse und Kerne

Naturgemäßer wäre es, die Vögel im Winter nicht zu füttern, denn sie finden selbst genug Nahrung, außer es herrscht Dauerfrost oder seit Tagen eine geschlossene Schneedecke.

Auf der anderen Seite bietet sich am Vogelhäuschen die Gelegenheit, Tiere aus der freien Natur ausgiebig zu beobachten. Das ist faszinierend und sehr interessant und gerade Kinder erinnern sich noch lange an solche intensiven Begegnungen.

Basteltip Futterglocke:

Besonders schön zu beobachten ist das Picken an Futterglocken. Sie sind schnell und unkompliziert herzustellen. Die Schale einer halben Kokosnuß ist die Glocke.

Durch ein Bohrloch wird ein Rundstab geschoben, der innen mit einer kleinen Leiste gehalten wird. Der Stab ist länger als die Nußhälfte, weil er später noch als Anflug- und Sitzstange dient.

Eine Fett-Körner-Mischung ist einfach herzustellen:

300 g Rindertalg wird in kleine Stücke geschnitten und erhitzt. Hat er sich aufgelöst, werden 50 g Weizenkleie eingerührt. Ein Schuß Salatöl sorgt dafür, daß die Masse nicht brüchig wird. Man kann auch kleingeschnittene Nüsse, Sonnenblumenkerne, Hanfsamen, Kleie oder Haferflocken einrühren. Anschließend wird der warme Brei in die Futterglocke gegossen. Wenn die Masse erhärtet ist, kann die Glocke an einem Ast aufgehängt werden.

Andere Möglichkeit:

Auch aus einem Ton-Blumentopf kann ein Kind auf die beschriebene Weise eine Futterglocke basteln. Sie hat den Vorteil, daß man sie außen auch noch hübsch bemalen kann.

2. Gipsabdruck von Tierspuren

Ort: überall
Material: Pappring, Gips, Salz, Joghurtbecher, Stock zum Umrühren

Im Schnee und im schlammigen Boden können viele Trittspuren von Tieren gefunden und auch bestimmt werden.

Hat man besonders schöne und deutliche Spuren gefunden, können davon Gipsabdrücke angefertigt werden.

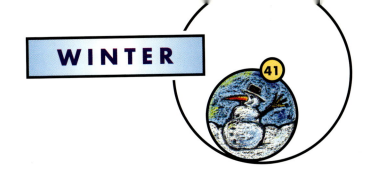

WINTER

Beim Aushärten des Gipses entsteht Wärme, die den Schnee schmelzen würde. Dies kann durch Zugabe von Salz verhindert werden, da das Salz die Gipsmischung kälter werden läßt. Wir suchen uns einen schönen Trittsiegel und entfernen alles unnötige von ihm.

Nun legen wir einen Pappring darum, drücken ihn etwas am Boden an und formen einen Ring mit Hilfe einer Büroklammer.

Anrühren des Gipsbreis:

Etwas Eiswasser in den Joghurtbecher geben, ca. 1 Teel. Salz einrühren und nun langsam Gips zugeben, bis eine zähe Masse entsteht. Nun den noch flüssigen Gipsbrei in den Abdruck füllen. Nach ca. 1 h ist der Gips ausgehärtet und der Abdruck kann vorsichtig vom Untergrund gelöst werden. Mit etwas Wasser und einer Bürste entfernt man die Reste von der Plastik. Und fertig ist der Abdruck!

3. Pinguin-Aufwärmspiel

Ort: überall

Alle Kinder sind Pinguine und stehen bibbernd auf einer Eisscholle, weil ihnen so kalt ist. Ein Pinguin ist aktiv und läuft herum, um die anderen zu wärmen. Er läuft auf einen zu, rubbelt ihn warm und nun können beide hintereinander zum nächsten watscheln. Das Spiel geht solange, bis alle im Pinguinmarsch über die Eisscholle watscheln.

4. Tierspuren-Suche

Ort: überall
Material: Tierspuren-Karten

Kinder fühlen sich mit Tieren noch sehr verbunden, denn genau wie sie leben Tiere noch nah an der Natur und stellen ein Stück Ursprünglichkeit dar. Ihre Spuren im Schnee oder Matsch zu verfolgen, ist eine spannende Aufgabe und regt die Phantasie zu Geschichten an, die sich abgespielt haben könnten. Es gibt eine ganze Reihe von verschiedenen Tierspuren: Neben Fährten kann man sich auf die Suche nach Höhlen, Fraßspuren, Federn, Knochen, Gewöllen oder auch Kotspuren machen.

Mit Hilfe der Bestimmungskarten lassen sich die „Täter" zuordnen.

WINTER

5. Glitzersterne und Glitzermonde

Ort: Kindergarten
Material: Schale, Plätzchenformen, Nägel oder Schrauben, kurze Schnüre

Mit Plätzchenformen, die man in eine mit Wasser gefüllte Schale legt und über Nacht hinausstellt, kann man Baumschmuck aus Eis herstellen. Damit man die verschiedenen Figuren auch am Baum aufhängen kann, stellt man Schrauben oder Nägel auf ihren Kopf in die mit Wasser gefüllte Wanne an die Stelle, wo das Loch entstehen soll.

Ist das ganze am nächsten Morgen gefroren, läßt man es in einem Zimmer kurz antauen und drückt den Eisschmuck vorsichtig aus den Plätzchenformen heraus und entfernt Schrauben und Nägel. Jetzt bringt man alles wieder raus, damit die Formen nicht schmelzen, und zieht dort durch die Löcher Schnüre, die man zur Schlaufe verknotet. Jetzt kann man den Baum seiner Wahl schön schmücken. In der Sonne glitzern und glänzen die Formen besonders schön, sind aber natürlich nicht so lange haltbar wie im Schatten.

6. Vogelnester suchen

Ort: Wald, Hecke
Material: Blumendraht

Wenn die Blätter von Sträuchern und Bäumen abgefallen sind, werden die verlassenen Kinderstuben der Vögel sichtbar.
Im Wind wiegen sich die leeren Vogelnester, die jetzt unter die Lupe genommen werden können. Faszinierende Kunstwerke aus Moos, Lehm, Gräsern, kleinen Zweiglein, Federn und anderen Materialien sind zu bestaunen.
Die Kinder können nun versuchen, ebenfalls ein Vogelnest zu bauen und sich die Materialien aus der Natur zusammenzusuchen. Da wir Menschen aber nicht so geschickt wie die Vögel sind, ist ein Hilfsgerüst aus Blumendraht sehr hilfreich.
Dazu wird der Draht mindestens zehnmal um die Hand gewickelt, an einer Seite verknotet und blumenförmig aufgefaltet.

In diese Unterlage können nun die verschiedensten Materialien eingeflochten werden. Die Nester werden von den Kindern versteckt und anschließend gemeinsam gesucht.

7. Laternenhäuser

Ort: überall
Material: verschiedenfarbiges Transparentpapier, Stumpenkerzen / Teelichter, Streichhölzer

Mit frisch gefallenem Schnee lassen sich die Laternenhäuser am besten herstellen. Man formt viele, kleine Schneebälle und setzt diese in einer Hufeisenform zusammen, damit man noch eine Öffnung hat, um die Kerze hineinzustellen. Schicht für Schicht erhöht man die Wände, baut dabei immer kleinere Hufeisenformen und läßt für die Fenster Aussparungen frei.

Wenn oben nur noch eine kleine Öffnung ist, verschließt man diese mit einem Schneeball.
Vor die Fenster spannt man nun Transparentpapier, das man an den Rändern mit Schnee festkittet. In die fertige Laterne stellt man eine brennende Kerze. Nun kann man die leuchtenden Laternenhäuser in der dunklen Nacht bewundern.

8. Mandarinenkerzen

Ort: Kindergarten
Material: Mandarinen, Messer, Speiseöl, Streichhölzer, Küchenpapier

Gelbe und orangene Farbtöne wirken gerade in der dunklen Winterzeit ermunternd und stimmungsaufhellend.
Wenn diese wie bei den Mandarinenkerzen auch noch zusätzlich durch ein Licht zum Leuchten gebracht werden, ist das doppelt schön. Die Mandarinenkerzen lassen sich ganz leicht herstellen. Dazu schneidet man die Mandarinenschalen waagerecht durch, so daß zwei gleich große Hälften entstehen. Die Schalen löst man nun vorsichtig von der Frucht ab und zwar so, daß der Strunk in der Mitte erhalten bleibt, denn er ist der Docht für die Kerze. Nachdem man die Schale mit Küchenpapier trockengetupft hat, füllt man das Öl bis knapp unter das Strunkende. Um den Docht anzuzünden, muß man etwas Geduld mitbringen, weil er oft noch ein bißchen feucht ist.

WINTER

9. Blau-Schneemonster

Ort: überall

Material: Schnee, Eimer, Schaufel, blaue Lebensmittelfarbe, Schüssel, Löffel

Angelehnt an Tiere aus der Urzeit oder phantastische Wesen aus Fabeln, lassen sich urige Monster aus Schnee bauen mit Zacken auf dem Rücken, gefährlichen Zähnen und riesigen Händen. Besonders lustig sieht es aus, wenn man dafür verschiedene Körperteile mit farbigem Schnee herstellt. Dazu mischt man Lebensmittelfarbe unter den Schnee und rührt um, bis alles die gleiche Farbe hat.
Die Hände für das Monster werden besonders schön, wenn man über Nacht mit Wasser gefüllte Einweghandschuhe an die Wäscheleine hängt.
Am Morgen hat man nach kurzem Eintauchen in warmes Wasser und Abziehen der Handschuhe die gefrorenen Finger vor sich, die nach jedem greifen, der sich zu nahe an das Blau-Schneemonster heranwagt.

10. Schneekristalle und Eisblumen

Ort: überall

Material: Lupe mit 10-facher Vergrößerung, Glasscheibe, Wasser

Je nach Witterung nehmen die Schneekristalle viele verschiedene Formen an. Meistens sind diese Muster sehr schön.
Am besten sieht man ihre Formen und Feinheiten, wenn man sie auf einem dunklen Untergrund, also zum Beispiel auf dem Jackenärmel, unter der Vergrößerung einer Lupe anschaut.

Wenn man selber Kunstwerke aus Eis, also Eisblumen machen möchte, nimmt man eine Glasscheibe, legt sie auf drei Steine, damit die Platte nicht am Boden festfriert und gießt etwas Wasser auf die Platte. Je nach Minusgraden dauert es eine gewisse Zeit und dann hat man zauberhafte Eisblumen vor sich.

Winterrezepte von Ute Mahl

Wintertraum mit Schneeklößchen

½ l Obstsaft
½ l Fruchtmark von Erdbeeren, Himbeeren oder Johannisbeeren
500 g gemischte Früchte wie Aprikosen, Kirschen, Sauerkirschen, Erdbeeren, Johannisbeeren oder Himbeeren
Schale und Saft 1 Zitrone
ca. 100–150 g Zucker
70 g Speisestärke

Zubereitung:

Saft mit dem Fruchtmark vermischen, Zitronenschale und Zitronensaft, sowie Zucker zugeben, zum Kochen bringen.
Das Stärkemehl mit wenig kalter Flüssigkeit anrühren, in die kochende Masse einrühren, aufkochen lassen.
Die vorbereiteten kleingeschnittenen Früchte unterrühren, abschmecken und in eine Schüssel umfüllen, kaltstellen.

Für die Schneeklößchen:

1 Eiweiß
20 g Zucker
1 Prise Salz
fein abgeriebene Schale einer unbehandelten Zitrone

Zubereitung:

Eiweiß mit einer Prise Salz steifschlagen, Zucker einrieseln lassen, weiterschlagen bis eine glänzende Masse entsteht. Wasser zum Kochen bringen, mit 2 Teelöffeln kleine Klößchen abstechen, 5 min zugedeckt garziehen lassen. Schneeklößchen mit dem Schaumlöffel herausnehmen, auf der Obstgrütze anrichten und nach Belieben mit Zitronenschale bestreuen und frischen Beeren garnieren.

WINTER

Igel zum Anknabbern

- 1 Scheibe Emmentaler, 1 cm stark
- 1 Scheibe Gouda, 1 cm stark
- zum Aufstecken Weintrauben blau und grün
- Tomaten
- frische Gurkenscheiben
- Radieschen
- Karottenscheiben
- Stücke von rohem Paprika

Zubereitung der Spieße

Zunächst das Gemüse vorbereiten. Dazu die Karotten-, Gurkenscheiben, Paprikastückchen in Zitronensaft tauchen, damit sie sich nicht verfärben und würziger schmecken.
Zum Aufstecken Schaschlikspieße verwenden.
Nun abwechselnd Käse mit Gemüse und Obst aufstecken, bzw. Grünkernbällchen mit Gemüse mischen.
Die vorbereiteten Spießchen auf einen halbierten Krautkopf aufstecken.

Grünkernbällchen

250 g Grünkernschrot, ½ l Wasser, 2 Teel. Gemüsebrühe gekörnt, Salz, 1 Zwiebel, 2 Eßl. Petersilie, 2–3 Eier 1–2 Eßl. Semmelbrösel

Zubereitung:

Aus Grünkernschrot, Wasser, Gemüsebrühe, Salz einen sehr dicken Brei kochen, am besten einmal aufkochen lassen, Herdplatte ausschalten und ca. 20–30 min ausquellen lassen. Abkühlen lassen. Die feingeschnittene Zwiebel, gewiegte Petersilie, die Eier und Semmelbrösel zum Brei geben, gut durchmischen, kräftig abschmecken, nach Belieben mit etwas Paprikapulver. Dann mit nassen Händen kleine Kugeln formen, diese in heißem Fett von allen Seiten schön goldbraun backen. Herausnehmen und auskühlen lassen.

Früchteigel

Eine Abwandlung wäre ein Früchteigel. Dazu braucht man eine Wassermelone und verschiedene Früchte wie Orangen, Bananen, Pfirsiche, Aprikosen, Erdbeeren usw.

Zubereitung:

Melone in der Mitte durchschneiden, eine Hälfte auf einen Teller legen, dann aus der anderen Hälfte das Fruchtfleisch heraus- und in kleine Würfel schneiden. Restliche Früchte, wenn nötig, schälen, in kleine Scheiben bzw. Stücke schneiden. Die Fruchtstückchen abwechselnd auf die Schaschlikspieße stecken und diese gleichmäßig verteilt in die halbe Melone piken. Fertig!

Unsere Maispfannkuchen

WINTER 47

DAZU: ergibt ca. 30 Stück

350 g Mehl, nach Belieben zur
Hälfte Weizenvollkornmehl
1 Eßl. Speisestärke
½ Teel. Salz
1 Prise Zucker
10 Eier
1 l Milch
2 Dosen Mais (à 250 g)
100 ml Öl

ZUBEREITUNG:

Mehl, Speisestärke, Salz, Zucker, Eier und Milch zu einem glatten Teig verrühren. Den Teig ca. 30 min ausquellen lassen. Dann den abgetropften Mais unterrühren. Jeweils 1 Teelöffel Öl in einer mittelgroßen Pfanne erhitzen und nacheinander aus dem Teig 30 goldgelbe Pfannkuchen backen. Die Pfannkuchen übereinander stapeln und mit geraspelten Äpfeln servieren.

WINTER

Für kleine Hasen genau das Richtige

Karotten-Apfel-Rohkost

500 g Karotten
2–3 saftige Äpfel
50 g Mandeln oder Nüsse gehackt
4 Eßl. Sahne

½ Becher Joghurt
2–3 Eßl. Zitronensaft
½ Teel. Salz
1 Teel. Zucker

Zubereitung:

Zunächst die Salatsauce aus Rahm, Joghurt, Salz, Zucker und Zitronensaft herstellen. Die Karotten waschen, putzen, nochmals waschen, raspeln.
Die Äpfel waschen, halbieren, Kernhaus entfernen, grob raspeln und zusammen mit den gehackten Mandeln oder Nüssen unter die Karotten mischen.
Die vorbereitete Salatmarinade darübergeben, untermischen, abschmecken und nach Belieben mit Petersilie bestreut anrichten.

Fruchtpunsch

1 l Früchtetee
2 l Apfelsaft
1 l Johannisbeersaft
½ l Sauerkirschsaft

1 l Orangensaft
Schale von 1 Orange und 2 Zitronen
Saft von 3 Orangen und 2 Zitronen
3 Nelken und 1 Zimtstange

Zubereitung:

Tee aufbrühen und ziehen lassen. Die Orangen und Zitronen heiß abwaschen und mit dem Sparschäler dünn abschälen, dann alle Zitrusfrüchte auspressen. Die Zitrusschalen mit den Gewürzen in einen Filterbeutel geben, zuschnüren und mit den Säften zum Tee geben, alles erhitzen, Punsch darf aber nicht kochen. Kann heiß oder kalt serviert werden. Menge für 25 Kinder ausreichend.

Stolpersteine auf neuen Wegen

Wer sich entschlossen hat, mit seinen Kindern neue Wege zu gehen, findet in der freien Natur genügend Möglichkeiten und Ansatzpunkte für vielseitige Erfahrungen und Erlebnisse.

Aber natürlich sind diese Wege auch nicht ohne weiteres leicht begehbar. Verschiedene Stolpersteine machen die Entdeckungsreise schwierig. Die Eltern, der Träger oder die Anwohner des Kindergartens haben oft zahlreiche Bedenken, Ängste oder vorgefertigte Meinungen, die eine unbelastete Herangehensweise erschweren.

Die Erfahrungen im ökologisch-orientierten-integrativen Kindergarten haben gezeigt, daß solche Hinderungsgründe oft gar keine sind, aber dazu werden können, wenn man sie nicht diskutiert.

Wir haben immer wieder auftauchende Fragen gesammelt und darauf Antworten gegeben, die sich aus der langjährigen umweltpädagogischen Begleitung von Kindergärten auf neuen ökologischen Wegen ergeben.

Was macht man, wenn es regnet?

Wer sich viel in der freien Natur aufhält, weiß, daß es eher selten so stark regnet, daß der Aufenthalt im Freien davon beeinträchtigt wird. Sollte es also wirklich einmal so sein, hilft es, wenn man den Spieß einfach umdreht. Der Regen ist dann nicht der Störfaktor, sondern wird situationsbedingt zum Thema gemacht.

Er verwandelt die ohnehin bekannten Lebensräume in eine Umgebung mit einem neuen Gesicht. Kinder genießen es, von Pfütze zu Pfütze zu springen, Regenwürmer zu beobachten oder unter einem Blätterdach zu stehen, auf dem die Tropfen ein Konzert geben.

Ist es richtig, wenn man mit den Kindern bei Wind und Wetter sowohl im Sommer, als auch im Winter draußen unterwegs ist?

Schlechtes Wetter gibt es nicht, oder doch? Die Bezeichnung „schlecht" für etwas völlig natürliches, nämlich die sich regelmäßig ändernde Witterung, zeigt, wie sehr sich die Menschen schon von der Natur entfernt haben. Die Bedenken und Ängste der Erwachsenen schaffen Vorbehalte, die auf die Kinder übertragen werden. Trockenheit und Regen, Schnee und Eis, Wind und Sommerhitze sind für Kinder völlig normale Naturphänomene, denen sie von Natur aus völlig offen gegenüberstehen.

Die Kinder erleben den Wechsel der Jahreszeiten als Bereicherung. So wechselt ein Baum seine Farben der Blätter, bekommt erst Blüten, dann Blätter und Früchte und hat im Winter Knospen.

Die Veränderungen und der Rhythmus der Natur werden erlebbar und können von den Kindern in der unmittelbaren Begegnung erfahren werden. Sie nehmen das Entstehen und das Vergehen innerhalb der Kreisläufe in der Natur wahr und können diesen Entwicklungen in der äußeren Natur mit ihrem eigenen, inneren Tempo nachfolgen.

Was passiert, wenn sich ein Kind verletzt?

Als Standardausrüstung empfiehlt sich, zusammen mit Sitzkissen und Verpflegung, die man bei einem längeren Freilandaufenthalt benötigt, auch einen Erste-Hilfe-Kasten einzupacken.

Im Ernstfall sollten ausreichend Betreuerinnen bei den Kindern sein, damit eine Person sich nur um das verletzte Kind kümmern und es zur Not zum Arzt bringen kann.

Bei Wald- und Naturkindergärten, die kontinuierlich draußen sind, hat sich die Mitnahme eines Handys als praktisch erwiesen.

Wie vermeide ich, daß sich die Kinder dreckig machen?

Am besten gar nicht. Die Kinder sollen unbefangen die neuen Möglichkeiten und Materialien in den verschiedenen Lebensräumen erkunden. Dabei gehören Laubschlachten genauso dazu wie Matschspringen, Rollerfäßchen am Hügel, Verstecken im Dickicht oder einfach nur auf dem Bauch liegen und Kontakt mit dem Boden halten.

Kinder sollen Wasser und Lehm kneten, trockenen Sand und feuchte, duftende Waldbodenerde wahrnehmen oder den Duft, den eine Sommerwiese verströmt. Diese direkten Kontakte fördern das sinnliche Erleben und darüber die Einheit von Körper, Geist und Seele. Über die Auseinandersetzung mit den vielen verschiedenen Naturmaterialien entsteht ein vielfältiger Bezug zur Natur und damit wird letztendlich auch der Grundstein für ein umfassendes Verständnis gelegt.

Denn durch das Greifen entsteht das Begreifen und das Erlernen der verschiedenen Zusammenhänge fördert das vernetzte Denken.

Wie weit kann ich mit den Kindern laufen?

Wenn Aufenthalte im Freien etwas vollkommen Neues sind, muß man auch den Kindern Zeit geben, sich daran zu gewöhnen.

Von Natur aus haben Kinder viel Spaß und Vergnügen an der Bewegung und meistens auch genügend Energie zum Laufen, Rennen oder nur Spazierengehen.

Trotzdem werden die Strecken nicht sehr lang sein, die man mit den Kindern zurücklegt. Denn gesteuert von ihrer Neugier entdecken sie immer wieder neue Objekte am Wegesrand, für die es sich lohnt, anzuhalten.

Gibt man diesem Wissens- und Forscherdrang der Kinder nach, so ermöglicht man ihnen vielseitige Erlebnisse und die Vermittlung von Informationen aus erster Hand.

Was lernen Kinder, wenn sie einfach „nur" draußen sind?

Kinder brauchen Räume, um Erfahrungen selbst zu machen und daraus zu lernen. Dabei spielen nicht nur die Lerninhalte, sondern auch die Lernumgebung und die Möglichkeit zur ganzheitlichen Erfahrung eine wesentliche Rolle. In der freien Natur finden Kinder eine ideale Umgebung, um die für sie nötigen entwicklungspsychologischen Lernschrit-te zu vollziehen. Die Natur ist in ihrer Vielgestaltigkeit eine Heraus-

forderung für Kinder. Sie können auf Wegen, im Unterholz, auf Baumstämmen ihre Geschicklichkeit üben und ihre Beweglichkeit trainieren. Offene Flächen bieten Raum für unbegrenztes Spielen, lassen soziales Miteinander genauso zu wie das nach und nach Zurückziehen aus einer Aktivität. Aus einer großen Gruppe können sich spontan Kleingruppen bilden, die sich immer wieder untereinander mischen und so viele neue Kontakte ermöglichen. Ein im Streit Fliehender kann sich zwischen Bäumen vor dem Angreifer zurückziehen und warten, bis die Wut abgeflaut ist, ohne daß es an räumlichen Grenzen zur harten Konfrontation kommt.

Die offene und dynamische Struktur einer naturgegebenen räumlichen Umgebung macht immer wieder verschiedenste Angebote, auf die sich die Kinder ganz individuell einlassen können.

Im Gegensatz dazu müssen sie sich in Innenräumen an vorgegebene, engumrissene Strukturen anpassen und Techniken entwickeln, um sich darin zurechtzufinden.

Wird es den Kindern ohne Spielzeug nicht langweilig?

Diese Frage stellt sich, wenn man mit Kindern längere Aufenthalte z. B. im Wald plant und dabei auch Zeiträume zu überbrücken hat, in denen den Kindern kein Programm vorgegeben wird.

Aus unserer Erfahrung heraus ist die Sorge aber unnötig. Denn im Freien lassen sich die Kinder von der Vielgestaltigkeit der Natur anregen. Aus natürlichen Materialien wie Zapfen, Holz, Blätter, Äste, Kastanien und anderen Früchten entstehen Puppen oder Tiere, Schmuck oder Werkzeug, je nachdem, was ihrer Phantasie gerade entspringt und was im Moment wichtig für sie ist.

Die Multifunktionalität läßt viele Verwendungsmöglichkeiten zu. Dabei sind verschiedenste Sinneserfahrungen wieder die Grundlage für eine ganzheitliche und gesunde Entwicklung. Die rauhe Borke ist der Gegensatz zum weichen Moos, der schuppige Zapfen eine andere Erscheinungsform als das spiralige Schneckenhaus.

Das freie Arbeiten wird unterstützt durch Spielräume, die von den Kindern selbst entdeckt werden können, in denen sie sich wohlfühlen und ganz ihrem Spiel hingeben können.

Dabei kann eine Höhle unter Fichtenzweigen genauso spannend sein wie eine Lichtung, auf der sich die Sonnenstrahlen sammeln.

Kann man als Erzieherin alle Fragen zu Pflanzen und Tieren beantworten?

Wer mit Kindern in der Natur unterwegs ist, muß kein Fachmann in Sachen Biologie sein.

Die einmaligen Gelegenheiten, die bei Erkundungen in der Natur geboten werden, fordern auf zum Erleben. Man ist Beobachter und Akteur zugleich, sieht dem Käfer am Baumstamm zu und läßt ihn auf der eigenen Hand entlangkrabbeln, um die feinen Haken an seinen Beinen auf der Haut zu spüren.

Im Vordergrund steht also das Erlebnis und erst an zweiter Stelle die

Vermittlung von Wissen. Natürlich kommt es vor, daß man eine Frage einmal nicht beantworten kann, das ist nicht so schlimm, wichtig ist nur, daß man sich mit dem Kind zusammen auf die Suche nach der Lösung macht und es damit nicht allein läßt. Dabei kann auch einmal die Phantasie zu Hilfe kommen.

Denn warum soll ein Mistkäfer nicht auch einmal Lila-Kugelkäfer heißen, wenn er eben so aussieht.

Ein selbst gewählter Name verstärkt den Eindruck der individuellen Begegnung mit dem Tier und bleibt den Kindern oft viel intensiver im Gedächtnis als der wissenschaftliche Name.

Wie gefährlich sind Zecken und Fuchsbandwurm?

Unter den ca. 800 Zeckenarten, die es weltweit gibt, sind nur acht von medizinischer Bedeutung.
Vor allem die Waldzecke, Holzbock genannt (Ixodes ricinus), kann auf den Menschen Krankheiten übertragen.

Zecken leben in der Krautschicht bis ca. 1 m über dem Boden.
Sie krabbeln meist erst eine Weile auf dem Körper entlang, bis sie eine Stelle gefunden haben, an der sie sich festhalten.
Sie bevorzugen Stellen, an denen der Mensch stark schwitzt, z. B. Armbeugen, Kniekehlen, Haar- und Halsbereich.
Mit seinen Mundwerkzeugen hakt sich das Tier in der Haut seines Opfers fest und saugt sich mit dessen Blut voll.

Der Körper der Zecke kann bis zu einem Vierfachen seines normalen Volumens anschwellen. Die meisten Zeckenbisse sind harmlos und – abgesehen von einer länger anhaltenden juckenden Hautrötung – folgenlos. Gefährlich wird es, wenn die Zecke Krankheitserreger überträgt: die Frühsommer-Meningoenzephalitis (FSME), eine Hirnhautentzündung, oder die Lyme-Borreliose, eine Infektion.

Frühsommer-Meningoenzephalitis (FSME):

Durch den Zeckenbiß werden Viren übertragen, die die Infektion hervorrufen. Die Erkrankung zeigt sich erst mit einer Sommergrippe, die bei 80 % der Fälle kuriert wird. Nur die restlichen 20 % bekommen Fieber und Lähmungserscheinungen.

Wer einen Zeckenbiß entdeckt, sollte auf folgende Symptome achten:

grippeartige Symptome, Gliederschmerzen, Kopfweh, Fieber, Nackenschmerzen. Dann am besten gleich den Arzt aufsuchen. Bis zum vierten Tag nach einem Zeckenbiß kann man sich prophylaktisch gegen FSME impfen lassen. Da die Impfungen aber nicht ungefährlich sind, sollte man vorher ärztlichen Rat einholen.

Borreliose:

Bildet sich nach einem Zeckenbiß eine rote Hautverfärbung, die nach außen wandert, im Zentrum verblaßt und somit eine Art Ring bildet, können das die Anzeichen einer Infektion mit den Schraubenbakterien sein. Diese Übertragung durch Zecken geschieht viel häufiger als FSME; 30 bis 40 % der Zecken sind mit den Erregern infiziert.
Eine Impfung gegen die Borreliose ist nicht möglich.
Die Therapie erfolgt mit dem Antibiotikum Cephalosporin.

Entfernen von Zecken

Wenn man eine Zecke entdeckt hat, die schon saugt, sollte die Zecke mit einer Pinzette langsam drehend herausgezogen werden. Sie sollten darauf achten, das Tier nicht zu zerquetschen, damit keine Flüssigkeit und mit ihr womöglich Krankheitserreger in die Blutbahn geraten.

Kann man sich vor Zecken schützen?

Die Einhaltung einiger Regeln macht es den Zecken zumindest schwerer, mit dem menschlichen Körper in Kontakt zu kommen.
Folgendes sollten Sie daher beachten, wenn Sie in den Wald gehen:
- lange Hosen und Oberteil mit langen Ärmeln tragen
- Strümpfe über die Hosenbeine ziehen
- geschlossene Schuhe tragen
- Kopfbedeckung tragen

ganz wichtig nach der Wanderung:
zu Hause den ganzen Körper nach Zecken absuchen, vor allem zwischen den Beinen, unter den Achseln, an Hals, Kopf und Ohren. Solange die Zecken noch krabbeln, sind sie nicht schädlich.

Kleiner Fuchsbandwurm:

Der kleine Fuchsbandwurm (Echinococcus multilocularis) ist einer von vielen Bandwurmarten, die den Fuchs befallen.

Der Mensch ist normalerweise im Kreislauf des Wurmes nicht vorgesehen, die Eier des kleinen Fuchsbandwurmes werden aber durch Zufall im Menschen zwischengelagert.

Der kleine Fuchsbandwurm lebt im Dünndarm des Fuchses und besteht aus 4 Gliedern. Dort scheidet er etwa alle 2 Wochen ein reifes Glied mit ca. 200 Eiern ab, die der Fuchs mit seinem Kot absetzt. Normalerweise nehmen Mäuse die Eier mit der Nahrung auf und sind somit Zwischenwirt. In der Leber der Maus entwickelt sich das Ei zur Larve (Finne) und ruft dort große Wucherungen hervor. Die Maus wird aufgrund dieser Leberkrankheit zur leichten Beute des Fuchses und der Kreislauf schließt sich dann wieder.

Der Mensch wird wahrscheinlich über den Verzehr von mit Eiern infizierten Waldfrüchten zum Zwischenwirt.

Im menschlichen Körper können die Eier oft über einen längeren Zeitraum wirksam sein, ohne erkannt zu werden, da sie sich auf die schmerzunempfindliche Leber spezialisieren. Dort bilden sie Cysten, die bei der geringsten Berührung zerplatzen und für den Menschen tödlich sind.

Vorbeugung gegen den Fuchsbandwurm:

Beeren, Waldfrüchte und Pilze sammelt man möglichst nicht an markanten Punkten wie Felsbrocken, Baumstümpfen oder anderen erhöhten Stellen, Baumwurzeln, Weg- und Waldrändern, denn dies sind Orte, wo der Fuchs üblicherweise seinen Kot absetzt.

Früchte, die oberhalb des Knies eines Erwachsenen hängen, kommen wahrscheinlich nicht mit Fuchskot in Kontakt und sind von daher ungefährlich.

Wer aber ganz sicher gehen möchte, kocht alle Beeren, Früchte, Pilze und tötet mit der Erhitzung auf über 60°C die Parasiteneier ab. Kühlen bis minus 20°C oder Alkohol sind unsichere Methoden, denn Wurmeier bleiben im Feuchten und zwischen minus 20 und plus 25°C lebens- und damit infektionsfähig.

Naturforscherausrüstung

Wenn man mit Kindern in der Natur unterwegs ist, findet man links und rechts am Wegesrand spannende Objekte, die die Aufmerksamkeit auf sich lenken. Oft ziehen die Entdeckungen die Kinder so in den Bann, daß man länger verweilt und die Tiere vor Ort in ihrem Lebensraum beobachtet.

Für die Erforschung der Natur mit Kindern haben sich kleine Hilfsmittel bewährt, die ganz unabhängig vom Lebensraum überall dort eingesetzt werden können, wo die unmittelbare Begegnung der Kinder mit den Tieren und Pflanzen aus ihrer Umwelt unterstützt werden soll.

Ferngläser

Material: Klopapierrollen, leere Streichholzschachteln, Wasser- oder Fingerfarben, Kleber, Scheren, Schnur

Als Vorbereitung für eine Waldexkursion können sich die Kinder Ferngläser basteln.
Dafür werden zwei Klopapierrollen bunt angemalt und an die schmalen Längsseiten einer Streichholzschachtel geklebt.

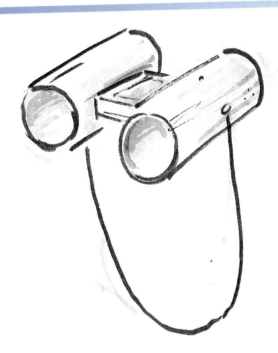

Mit einer Schnur, die an den Rollen befestigt wird, können sich die Kinder ihre Ferngläser um den Hals hängen.
Der Blick durch das Fernglas eröffnet neue Sichtweisen und lenkt den Blick aufs Detail.

Unter-das-Blatt-guck-Spiegel

Material: Holzstäbchen (Schaschlikstäbchen), Gartenschere, Gewebeklebeband, runde Zierspiegelchen (ca. 1,5 cm Durchmesser)

Wer in eine Ritze am Baumstamm oder unter ein Blatt in der Wiese gucken will, braucht dringend einen „Unter-das-Blatt-guck-Spiegel". Dazu wird von einem Ende des Holzstäbchens mit der Gartenschere ein etwa 1,5 cm langes Stückchen abgeschnitten und 1 cm unterhalb des Stabendes quer mit Klebeband befestigt. Darauf legt man das Spiegelchen, das dadurch schräg liegt und klebt es ebenfalls fest. Jetzt wird dem Forscherauge nichts mehr verborgen bleiben.

Naturforscherausrüstung

Insektensauger

Material: durchsichtige Filmdöschen, Aquariumschlauch, Schere, Damenfeinstrumpf

Insekten zu fangen, um sie zu beobachten, kann faszinierend sein. Doch häufig fällt es den Kindern schwer, das nötige Feingefühl dafür aufzubringen und die kleinen Krabbeltiere leiden in den kleinen Händen. Mit dem Insektensauger ist das kein Problem mehr. Selbst kleinste Bodentiere können gefangen, erforscht und unbeschadet in die Freiheit entlassen werden. In ein leeres, durchsichtiges Filmdöschen wird mit einer Schere von oben und unten je ein Loch geschnitten. In beide Öffnungen wird ein ca. 10 cm langes Stück Schlauch gesteckt, wobei vor das eine Schlauchende ein Stückchen des Damenstrumpfes gespannt wird.

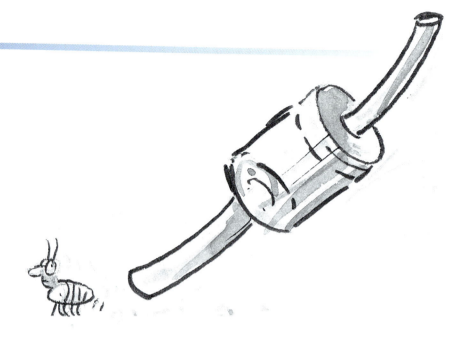

Nur an dem Schlauchende mit dem Strumpf saugen und das andere Ende nahe an das zu fangende Insekt halten. Keine Tiere einsaugen, die größer als der Schlauchdurchmesser sind – Verletzungsgefahr!

Sammelsäckchen

Angezogen von dem Reichtum der Natur finden Kinder auf ihren Exkursionen immer wieder Naturmaterialien, die für sie wahre Schätze darstellen. Sei es ein Rindenstück, das aussieht wie eine Katze, ein Schneckenhaus oder ein Glitzerstein. Oft wollen sie diese Sachen einfach mitnehmen. Deshalb ist man gut ausgestattet, wenn man für jedes Kind ein Sammelsäckchen bereithält, das die Kinder um den Hals hängen und immer dabei haben, wenn es raus auf Entdeckungsreise in die Natur geht.

Becherlupe

Die Becherlupe ist für die umweltpädagogische Arbeit in der freien Natur ein unentbehrliches Hilfsmittel. Ideal zum Betrachten von Insekten, Wasserlebewesen, Pflanzen, Gewöllen und anderen „Tierspuren".

Sie bietet nicht nur die Möglichkeit zur Vergrößerung der toten Objekte, sondern kann auch für Beobachtungen von Verhaltensweisen, z. B. Fortbewegung und Ernährung am lebendigen Tier optimal eingesetzt werden. Sinnvoll ist eine Becherlupe, weil die Annäherung an ein vermeintliches „Ekeltier" dem Betrachter hilft, aus der Nähe die Faszination und die besonderen Eigenheiten von allen Seiten zu entdecken, während das Tier sicher in dem „vorübergehenden Terrarium" untergebracht ist.

Naturforscherausrüstung

Gerade für junge Naturforscher ist die Becherlupe in zweifacher Hinsicht nützlich. Man läßt das Tier in die Becherlupe krabbeln, kann es dann beobachten und danach wieder unversehrt ins Freie setzen. Dieses Vorgehen ist nicht nur für das Tier lebensnotwendig, sondern garantiert dem Beobachter auch, daß das Tier noch alle Körperanhänge besitzt, wenn er es mittels derer systematisch in Familien, Gattungen und Arten einteilen will.

Bei dem Umgang mit der Becherlupe sollte man dazu folgende Hinweise beachten:

Tiere und Pflanzen sollen so in der Becherlupe angeschaut werden, daß sie keinen Schaden nehmen oder leiden.

Wassertiere nur in eine bis zu 2/3 mit Wasser gefüllte Becherlupe geben, zu 1/3 Luft für den Austausch lassen.

Keine lebenden Schmetterlinge in die Becherlupe setzen, da ihr Schuppenkleid dabei verletzt wird.

Darauf achten, daß nicht mehrere Tiere gleichzeitig in der Becherlupe sitzen, da diese sich sonst unter Umständen gegenseitig auffressen.

Von Pflanzen wenn möglich immer nur kleine Teile abreißen, um sie in der Becherlupe anzuschauen.

Im Sommer die Becherlupe mit Tieren nicht in der Sonne stehen lassen, da sie sich sonst sehr schnell aufheizt und das den Tieren schadet.

In ein Tuch gewickelt und so vor vorzeitigem Verschleiß und dem Zerbrechen geschützt, gewährt die Becherlupe auf vielen Entdeckungsreisen Einblick in die facettenreichen Ansichten der Natur.

Fundstück-Museum

Für all die kleinen Dinge, die Kinder so gerne aufsammeln und von ihren Expeditionen mitbringen, sollte ein fester Platz im Kindergarten eingerichtet werden, wo die Fundstücke präsentiert, bewundert, besprochen und bestaunt werden können.

So erhalten viele Dinge erst die Aufmerksamkeit und Beachtung, die ihnen zukommt, die sie wertvoll und wichtig macht und mit ihnen auch ihre Finder.

Noch interessanter kann das Fundstück-Museum gestaltet werden, wenn dort eine oder mehrere Lupen oder gar eine Stereolupe (Binokular) vorhanden ist. Damit können all die kleinen Kostbarkeiten so richtig erforscht werden.

Außengeländegestaltung

Kinder-Garten-Gestaltung

Die Außengeländegestaltung ist oft noch ein Stiefkind bei der Errichtung von Kindergärten und auch ein Blick in unsere privaten Gärten zeigt, daß Pflegeleichtigkeit und Einheitsgrün noch ganz vorne in der Beliebtheitsskala stehen.

Beschäftigen sich die Planer intensiv mit der Architektur des Gebäudes, der Raumaufteilung und den Baumaterialien, sind die Kriterien eines Außengeländes schnell an den fünf Fingern einer Hand abgezählt: Was brauchen Kinder? – einen Sandkasten, eine Schaukel, eine Rutsche, eine Wippe und Platz zum Dreiradfahren.

Dabei sollte man beim Außengelände mindestens ebenso viel Wert auf kindgerechte Gestaltung legen wie beim Gebäude selbst.

Und am geschicktesten geht der vor, der sich dabei an den Vorstellungen der Kinder selber orientiert. Dazu ein kurzer Blick auf das Landschaftsbild von Kindern.

Die Universität Bielefeld hat eine weltweite Untersuchung durchgeführt, in der Kinder ihre ideale Umgebung darstellen sollten.

Das Ergebnis war eindeutig: Eine reich gegliederte Landschaft, in der offene Flächen mit Wald, Buschreihen und Bäumen abwechseln, zusammen mit kleinen überschaubaren Dörfern und romantischen Häusern. Diese Untersuchung belegte eine kindliche Sichtweise, die Ausdruck dessen ist, was in der Psychologie als Pastoralismus bezeichnet wird: eine positive Einstellung zur natürlichen Umwelt und zum Leben „draußen".

Zu einem ähnlichen Ergebnis kommt auch Hugo Kükelhaus, der Erfinder des Erfahrungsfeldes zur Entfaltung der Sinne.

Er fand heraus, daß „harmonische Formen harmonische Reaktionen hervorrufen". Das heißt auf unser Außengelände übertragen, ein

reich strukturiertes Gelände, in dem nicht der rechte Winkel oder pflegeleichter Bodenbelag dominiert, sondern sanfte, geschwungene Formen, Hügel, Böschungen, durch geschickte Abpflanzung entstehende Räume, die zum Spielen, sich Zurückziehen oder zum Entdecken einladen.

Ein solches Gelände fordert alle Sinne unserer Kinder, wobei es nicht nur um Hören, Riechen, Sehen, Schmecken und Tasten geht, sondern auch um die Entwicklung der Feinmotorik.

Welche Auswirkungen gerade die motorische Entwicklung der Kinder auf andere Entwicklungsbereiche hat, zeigt nicht zuletzt der Zusammenhang mit der sprachlichen Entwicklung der Kinder.

Wer kein K sprechen kann, kann häufig auch nicht auf der Ferse stehen und jeder Logopäde oder jede Logopädin bestätigt, wie wichtig Balancieren, Klettern, Rennen, Springen etc. für gesunde kindliche Entwicklung sind.

Ein solches Außengelände läßt sich auch nachträglich noch modellieren. Eltern, Erzieherinnen und Kinder können gemeinsam einzelne Bausteine realisieren und so nach und nach ein abwechslungs- und erlebnisreiches Gelände entstehen lassen.

Das gleiche gilt natürlich auch für die Familie, die anfängt, Stück für Stück den eigenen Garten erlebnisreicher zu gestalten.

Grundsätzliches zur Außengeländegestaltung

Ehe man an die Verwirklichung von einzelnen Elementen im Außengelände des Kindergartens geht, sollte man sich darüber klar werden, daß Kinder verschiedene Räume brauchen. Aus unserer Erfahrung haben sich folgende vier Räume herauskristallisiert:

- – Räume für Spiel und Bewegung
- – Räume für Naturerlebnis und Naturbeobachtung
- – Räume für Basteln und Kreativität
- – Räume für Ruhe und Kommunikation

Zu überlegen ist natürlich außerdem, ob noch eine genügend große Fläche fürs Sommerfest da ist, auf der die Möglichkeit besteht, gemeinsam mit allen Eltern und Freunden einen Nachmittag zu verbringen, etc.

Gemeinsam ein Modell erstellen

Hier ist es am besten, gemeinsam mit Kindern, Eltern und Erzieherinnen zu überlegen, was die Einrichtung ganz speziell gerne haben möchte, und am besten ist es, die Ideen gleich bei einem „Sandkastenspiel" umzusetzen.

Es gibt sicherlich begabte Väter oder Mütter, die auf einer ca. 1 qm großen quadratischen oder rechteckigen Holzplatte mit einer ca. 10 cm hohen Umrandung ein relativ maßstabsgetreues Modell der Einrichtung nachbauen können.

Mit Sägespänen, Zweigen, Blättern oder Utensilien von der Spielzeugeisenbahn lassen sich dann wunderschöne Entwürfe eines Außengeländes gestalten, das man im Laufe eines oder mehrerer Elternabende noch „spielend" verändern kann.

Ehe man mit dem Modellieren beginnt, sollte man sich umweltpädagogische und Naturschutzkriterien eines solchen Außengeländes noch einmal durch den Kopf gehen lassen:

Umweltpädagogische Kriterien:

Das Außengelände kann pädagogisch gesehen vieles ermöglichen, was in Innenräumen und auch zu Hause nicht mehr erlebt werden kann:

- – Wachstum sichtbar machen
- – Veränderbarkeit und Vergänglichkeit, die alle Lebensprozesse symbolisieren, aufzeigen
- – Jahreszeiten machen die Zeit sichtbar
- – Elemente sind Lebenserfahrungen
- – Zufälligkeiten und Provisorisches – Leben und Erlebnisse sind nur zum Teil planbar

(Verändert nach Bachmann, 1994)

Auch dem Naturschutz kann durch Beachtung folgender Kriterien im Außengelände Rechnung getragen werden:

- – möglichst viele Flächen entsiegeln
- – naturnahe Materialien für Zäune und Geländeeinfassungen verwenden oder bepflanzte Wälle errichten
- – mikroklimatische Standortverbesserungen (Bäume pflanzen, Fassadenbegrünung, Verwendung von Mulch etc.)
- – standortgemäße Bepflanzung wählen
- – sorgfältige ökologische Materialauswahl (z. B. Baustoffrecycling)
- – Artenschutzmaßnahmen (Nisthilfen für Vögel, Wildbienen und Fledermäuse, Totholzhaufen, Wildblumenwiese, spezielle Blumen für Insekten, Hochstammobstbäume etc.)

(Verändert nach Bachmann, 1994)

Außengeländegestaltung

Daraus ergeben sich folgende gestalterische Kriterien:

Geländeform, Pflanzen und Naturmaterialien sollen in den einzelnen Spielräumen unterschiedliche Atmosphären schaffen. „Die atmosphärische Wirkung dieser Räume soll den Kindern Wärme und Geborgenheit vermitteln."* Grundsätzlich gilt: modellieren statt möblieren!

Elementare Spielmaterialien wie Erde, Pflanzenteile, Holz, Steine und Wasser sollten das „freie Spiel der Kinder anregen".*

Auch das Element Feuer kann z. B. als Feuerstelle oder als Backofen integriert werden.

Die sinnliche Wahrnehmung sollte in allen Spielbereichen durch vielfältige Naturmaterialien gefördert werden.

Spezielle Sinnesgärten zum Riechen, Tasten und Hören brauchen einen eigenen beruhigten Bereich.

Die Elemente des Außengeländes sollten „Kinder befähigen, Lebens- und Wachstumsprozesse wahrzunehmen und persönlich bedeutsame Beziehungen zu Pflanzen, Tieren und anderen Naturelementen zu entwickeln".*

* (Wagner, Natur-Spiel-Räume)

Motorische Geschicklichkeit und Gleichgewichtssinn können durch Hügelgruben, Kletterbäume, Balancierstämme etc. ausgebildet werden.

Das Spielgelände sollte Räume zum gärtnerischen und handwerklichen Gestalten erhalten. Körperliche Arbeit vermittelt Kindern bestärkende Selbsterfahrung und Erfolgserlebnisse.

Alexander Mitscherlich hat es einmal folgendermaßen formuliert: Der junge Mensch braucht seinesgleichen – nämlich Tiere, überhaupt Elementares, Wasser, Dreck, Gebüsche, Spielraum. Man kann ihn auch ohne das alles aufwachsen lassen, mit Teppichen, Stofftieren oder auf asphaltierten Straßen und Höfen. Er überlebt es, doch sollte man sich dann nicht wundern, wenn er bestimmte soziale Grundleistungen nicht erlernt.

Außengeländegestaltung konkret

Wir haben für Sie einige Elemente ausgewählt, die wir bei unserer Außengeländegestaltung selber gerne verwenden und die sich leicht im Rahmen eines Projektnachmittages oder -tages realisieren lassen:

Kräuterspirale

„Wachsen" in Kreisen könnte das Motto bei der Anlage einer Kräuterspirale sein. Auf einer kreisförmigen Fläche mit einem Durchmesser von zwei bis drei Metern hebt man den Mutterboden spatentief aus und füllt das ganze mit Sand oder Mineralbeton als Drainageschicht auf. In der Mitte wird ein ca. 50 bis 60 cm hoher Steinhaufen aufgeschichtet.

Von Süden her wird nun eine Trockenmauer spiralenförmig nach innen gezogen, die je nach architektonischer Vorstellung der Erbauer mehr oder weniger stark ansteigt. Das Auffüllen der Kräuterspirale und der Bau der Mauersteine erfolgt gleichzeitig, da die Steine der Trockenmauer nicht senkrecht übereinandergelegt werden, sondern leicht nach innen versetzt, so daß sie sich an das Erde-Sand-Gemisch der Kräuterspirale „etwas anlehnen".

Dadurch bekommt die Kräuterspirale mehr Stabilität und die einzelnen Steine können nicht nach vorne herausfallen. Man verwendet außen ein „fetteres" Gemisch aus Erde und Sand, d. h. der Bestandteil an Erde ist größer. Je weiter man spiralemäßig nach innen kommt, desto mehr Sand mischt man bei.

Dadurch nimmt der Nährstoffgehalt des Bodens nach innen ab. Gleichzeitig nimmt seine Wasserdurchlässigkeit zu. Das bietet den einzelnen Gewürzpflanzen optimale Standorte.

Wer will, kann am unteren Auslauf der Kräuterspirale durch eine kleine Vertiefung, die mit Teichfolie ausgelegt wird, einen 10 bis 20 cm tiefen „Minitümpel" schaffen, an dem z. B. Brunnenkresse angepflanzt werden kann.

Welche Kräuter an welcher Stelle ihren optimalen Standort finden, erfahren Sie aus Ihrer Gärtnerei oder beispielsweise aus der LBV-Broschüre „Naturnaher Garten".

Was sich neben den Kräutern für den täglichen Bedarf wie Schnittlauch oder Petersilie im Kindergarten besonders anbietet, ist Pfefferminze. Diese stark wachsende Pflanze kann lange geerntet werden und frischer Pfefferminztee aus dem eigenen Garten ist konkurrenzlos „cool".

Außengeländegestaltung

Hügelbeet

Das Hügelbeet wird in Nord-Süd-Richtung angelegt und sollte 1,50 m breit und 3 m lang sein. Wird das Hügelbeet auf einer Grasfläche angelegt, sticht man das Gras spatentief aus und legt die einzelnen Grassoden beiseite, da sie bei der Anlage des Hügelbeetes noch benötigt werden. In die Mitte dieser spatentiefen Grube wird jetzt grobes, hartes Pflanzmaterial, Äste und Zweige vom Herbstschnitt der Sträucher beispielsweise, angehäuft und dieses Pflanzmaterial mit den ausgestochenen, umgedrehten Grassoden abgedeckt. Darüber kommt eine Schicht aus Laub, Mist, Grasschnitt, Garten- oder Küchenabfällen oder auch etwas Stroh. Darüber kommt eine Schicht aus Kompost, die mit ungefähr 15 cm Gartenerde als Abschlußschicht abgedeckt wird.
Mit einem Rundholz läßt sich oben eine Längsmulde in das Hügelbeet drücken, die das Gießen erleichtert.

Warum ein Hügelbeet?

Das Hügelbeet hat im Vergleich zu anderen Beeten durch seine Wölbung eine größere Anbaufläche und kann mehr Wärme speichern als ein flaches Beet.

Der im Inneren des Hügelbeetes ablaufende Verrottungsprozeß setzt zusätzliche Wärme frei, die sich positiv auf das Wachsen der verschiedenen Gemüsesorten auswirkt.

Für Kinder eignet sich ein Hügelbeet besonders, da das Gemüse quasi in Augenhöhe wächst und sie viel besser beobachten können.

Außengeländegestaltung

Sonnenuhr

Unsere Sonnenuhr hängt nicht an der Wand, sondern befindet sich auf einer ebenen Fläche im Außengelände des Kindergartens. Als Zeiger fungiert nach der Fertigstellung auch kein Stab, sondern die Kinder selber, die sich in den Mittelpunkt dieser Sonnenuhr stellen. Wir können diese Sonnenuhr entweder auf einer versiegelten Fläche aufmalen, mit verschiedenen Steinen (Kleinpflaster) ein Mosaik für die verschiedenen Stundenabschnitte legen oder die einzelnen Segmente der Sonnenuhr auch durch unterschiedliche Bepflanzung voneinander abgrenzen.

Nötig ist auf jeden Fall zuerst die „Eichung" der Sonnenuhr. Als erstes wird der Standkreis markiert, auf dem die Kinder später stehen. In dessen Mittelpunkt steckt man einen Stab und markiert stundenweise die Segmente, die der Schatten im Tagesverlauf überstreicht.

Neben dem Aufmalen der Stunden können wir auch Symbole verwenden, die beispielsweise Mittagspause, Abholzeit, Morgenkreis oder andere Kindergartenzeiten symbolisieren.

Fußtastpfad

„Unsere ersten Lehrer der Philosophie sind unsere Hände und Füße", sagt Pestalozzi, und wer barfuß über eine taunasse Wiese oder einen federnden Waldboden läuft, wird ihm recht geben. Aber Hand auf's Herz, wann sind wir zum letzten Mal bewußt barfuß gelaufen, außer vom Schlafzimmer ins Bad oder am Urlaubsstrand. Ein Fußtastpfad animiert zum Barfußlaufen und vermittelt möglichst viele unterschiedliche „Fühl-Erfahrungen". Dafür wird in einem ruhigeren Bereich des Außengeländes ein in mehrere Abschnitte unterteilter Pfad angelegt, der natürlich nicht gerade verlaufen sollte. Die einzelnen Abschnitte (80 cm breit/ca. 1 m lang) werden 50 cm tief ausgehoben und

mit einer 20 cm hohen Drainageschicht aus Splitt, Kies oder Sand aufgefüllt. Darüber füllt man jetzt das Material, das man mit den Kindern erfühlen will, und hier sind der Phantasie

Außengeländegestaltung

keine Grenzen gesetzt. Es können dies unterschiedlich große Steine sein, Fichten- oder Kiefernzapfen, Kastanien, Stroh, Laub, aber auch so ungewöhnliche Gegenstände wie umgedrehte Bürsten oder Schwämme können verwendet werden, oder wer Lust hat, füllt einen Abschnitt mit Löwenzahnblüten auf.

Damit das Gras von außen nicht in die einzelnen Tastfelder wächst, sollte eine Begrenzung nach außen angelegt werden. Dies können Baumstämme sein, Palisaden, Steine oder Kokosrollen.

Als Einstieg in den Fußtastpfad oder als Ausklang kann man auch einen Balancierbaum integrieren, über den – wie über den gesamten Fußtastpfad überhaupt – man sich gegenseitig mit geschlossenen Augen führen lassen sollte.

Weidenspielerei

Aus Weidenzweigen lassen sich viele verschiedene Elemente für unser Außengelände herstellen. Der Phantasie sind dabei keine Grenzen gesetzt. Ob Weidenzelte, Weidentipis, Weidentunnels, Flechtzäune oder eine Weidenschildkröte – die biegsamen und doch stabilen Weidenzweige lassen fast jede Form zu.

Schneiden kann man Weidenzweige während der „saftlosen" Zeit von November bis März. Die Weidenruten sollten mindestens 2,50 m lang sein und einen Durchmesser von 2 bis 5 cm haben.

Lebendiges Material:

Die interessanteste Form ist wohl, die Weidenzweige wieder in die Erde zu setzen und sie austreiben zu lassen. Auf diese Art und Weise bekommt man ein lebendiges Bauwerk, das sich von Jahr zu Jahr verändert und durch Einflechten der neuen Triebe ein immer dichteres Geflecht ergibt. Der Erfolg beim Anwachsen stellt sich fast immer ein, wenn man einige Grundregeln beachtet: Der spatenbreite Pflanzgraben sollte eine Tiefe von mindestens 50 cm haben und mit lockerer, humusreicher Erde aufgefüllt werden.

Nach Fertigstellung unseres Bauwerkes braucht es 2 bis 3 Wochen Ruhe, um gut anwurzeln zu können. Dabei ist es wichtig, den Pflanzgraben immer feucht zu halten, d. h. ihn täglich mindestens einmal intensiv zu gießen. Sollte trotzdem der eine oder andere Weidenzweig nicht angehen, läßt er sich mühelos austauschen oder man verwendet ihn als Rankhilfe für Kletterpflanzen wie Knöterich, Hopfen etc.

Weidenzweige kann man selber nach Absprache mit Landwirten schneiden oder man setzt sich mit Gartenbau- oder Wasserwirtschaftsämtern in Verbindung, die jährlich ihre Flächen pflegen müssen und die Weiden im Zuge dieser Pflegemaßnahmen selber schneiden.

Wegen Weidenschnitt kann man auch Verbindung mit Naturschutzverbänden aufnehmen, deren Gruppen vor Ort oft Biotoppflegemaßnahmen durchführen, bei denen Weidenschnitt anfällt. Auf keinen Fall darf man Weiden nach dem 31. März schneiden, da die Weiden schon sehr bald im Frühjahr blühen und die erste Nahrung für überwinternde Insekten bieten.

Weidenzelt

Das klassische Weidenzelt hat seine Form vom Indianertipi und läßt sich in jeder gewünschten Größe errichten. Die Konstruktionsmerkmale dabei sind immer die gleichen.

Man legt den Durchmesser des Zeltes fest, von dem aus sich dann die Höhe entsprechend ergibt.

Je nach Zeltgröße braucht man Weidenzweige zwischen 2,50 m und 4 m Länge. Für die Grundkonstruktion sind 12 dickere Weidenzweige mit einem Durchmesser von ca. 5 cm notwendig, für die Flechtarbeiten dazwischen eignen sich Weidenzweige von 1 bis 3 cm.

Den kreisrunden Durchmesser legt man am besten mit einem Schnurzirkel fest und markiert den Radius.

Wichtig ist es auch, gleich den Eingang (ca. 1 m breit) festzulegen. Links und rechts vom Eingangsbereich beginnt man dann, den 50 cm tiefen, spatenbreiten Graben auszuheben, in den dann die 12 Grundkonstruktionszweige gleichmäßig verteilt gestellt und oben zusammengebunden werden.

Danach wird der Graben mit einem lockeren Humusgemisch wieder aufgefüllt. Mit den dünneren Weidenzweigen beginnt man jetzt, die Zeltkonstruktion miteinander zu verbinden.

Dabei werden die Weidenzweige tief in den Pflanzgraben gesteckt und über der Erde diagonal nach links oder rechts mit der übrigen Konstruktion verflochten. Auf diese Art und Weise entsteht ein immer dichteres Flechtwerk, das dem Zelt die nötige Stabilität gibt. Einige Flechtverbindungen lassen sich auch mit Bastschnüren noch etwas stabilisieren, was aber in den meisten Fällen gar nicht notwendig ist. Weiden treiben meistens nur im oberen Drittel aus und an Stellen, an denen sie gebogen sind.

Deshalb ist es nützlich, auch kürzere Setzlinge dazwischen zu setzen, damit eine gleichmäßige Begrünung stattfindet.

Außengeländegestaltung

Weideniglu

Im Grunde genommen eine ganz ähnliche Vorgehensweise wie beim Weidentipi. Die runde Form kommt dadurch zustande, daß man immer die zwei gegenüberstehenden, dickeren Weidenzweige in die entsprechende runde Form biegt und sie mit einer Bastschnur miteinander verbindet. Auf diese Art und Weise entsteht die charakteristische Iglukuppel. Das Flechtwerk der Seitenwände ist aber das gleiche wie beim Weidentipi.

Weidentunnel

Auch der Weidentunnel weist die gleichen Merkmale auf wie das Weideniglu. Je nach Höhe und Breite des Tunnels wählt man entsprechend lange Weidenzweige aus, wobei die Grundkonstruktionszweige, die etwas dicker sein sollten, in einem Abstand von einem halben Meter gesetzt werden.

Dazwischen werden wieder die dünneren Weidenzweige gesetzt und diagonal mit der Grundkonstruktion verflochten. Der Weidentunnel läßt sich auch in unterschiedlichen Höhen anlegen, so daß man an manchen Stellen stehen, an anderen sich gerade noch kriechend durchbewegen kann. Er muß auch nicht gerade sein, sondern kann sich geschickt dem Gelände anpassen, in einer S-Form auf einer Wiese auslaufen oder ähnliches.

Weidenschildkröte

Wer schon etwas Erfahrung mit dem Flechten von Weiden hat, kann natürlich Phantasie- und Fabelwesen aus Weiden entstehen lassen, die in ihrem Inneren Platz für eine ganze Kindergartengruppe bieten. Wir haben als Beispiel eine Weidenschildkröte ausgewählt, aber warum versucht Ihr nicht, Euer Lieblingstier als Weidenkonstruktion nachzubauen.

Pflege:

Alle Weidenkonstruktionen müssen jährlich gepflegt werden. Die neu austreibenden Zweige werden in die Grundkonstruktion mit eingeflochten und es entsteht auf diese Art und Weise ein immer dichteres Flechtwerk.

Weidenpfeife

Als Nebenprodukt unserer Weidenkonstruktion darf natürlich die Weidenpfeife nicht fehlen.

Mit einigem Geschick läßt sie sich leicht folgendermaßen basteln:

- Ein etwa 10 cm langes, gerades Aststück mit ganz glatter Rinde absägen – ohne die Rinde dabei zu beschädigen.
- Ungefähr 3 cm von einem Rand die Rinde rundherum bis auf das Holz mit einem scharfen Messer einschneiden.
- Am anderen Ende mit dem Messer das Mundstück unten abschrägen. Oben eine Kerbe in Rinde und Holz schneiden.
- Jetzt mit viel Gefühl einige Zeit mit einem Stock auf die Rinde des Aststückes mit dem Mundstück klopfen, ohne es zu verletzen. Das Aststück währenddessen langsam drehen, damit die Rinde an jeder Stelle bearbeitet werden kann.
- Durch das Klopfen löst sich die Rinde und kann wie eine Röhre abgezogen werden.
- Die eingekerbte Stelle des Holzstockes wird jetzt mit zwei Schnitten abgesägt und die Rindenröhre wieder darüber geschoben.
- Das abgetrennte Vorderstück mit einer Feile oder einem Messer vorsichtig so abflachen, daß eine Blasöffnung entsteht. Dann wird das Mundstück wieder in die Rindenröhre zurückgeschoben und die Weidenflöte ist fertig.
- Wer den Holzstock beim Pfeifen verschiebt, kann unterschiedliche Töne erzeugen.

Die beste Zeit für das Schnitzen von Weidenpfeifen ist die Zeit von April bis Juni. Später wird die Rinde unelastischer und läßt sich nicht mehr so leicht vom Holz lösen.

Wasserspielbereich

Wer weiß, welch magische Anziehungskraft selbst kleinste Pfützen auf Kinder haben, dem ist klar, daß eine Wasserecke unverzichtbarer Bestandteil eines Außengeländes im Kindergarten sein muß.

Am einfachsten realisieren läßt sich ein solches Element mit Hilfe einer Schwengelpumpe, die an einen Wasserbehälter angeschlossen ist. Solche Behälter gibt es als Regenauffangtonne in jedem Gartencenter und eignen sich schon ab 200 Liter Fassungsvermögen für ein Wasserspielgelände. Gefüllt wird die Regentonne entweder über das Regenwasser (wobei dieses durch einen Sand-/Kiesfilter vorgereinigt werden sollte) oder mit dem Gartenschlauch.

Das an der Pumpe austretende Wasser kann man über ein System von ausgehöhlten Baumstämmen (bearbeitet durch handwerklich geschickte Eltern!) in eine Sand- bzw. Lehmkuhle laufen lassen. Entlang der Wasserrinnen haben die Kinder Gelegenheit, das Wasser aufzustauen, mit Sand/Lehm zu matschen oder kleine Rindenschiffe darin fahren zu lassen.

Außengeländegestaltung

Matschecke

Das Wasserspielgelände leitet zwanglos zur Matschecke über.

In einem beispielsweise mit Baumstämmen eingefaßten Bereich genügen schon einige Eimer Lehm, Kieselsteine und Naturmaterialien wie Rindenstücke, Wurzeln oder Äste, um die Phantasie und Kreativität der Kinder anzuregen. Hier entstehen täglich neue kleine Kunstwerke.

Blumenwiese/Duftecke

Selbst auf wenigen Quadratmetern lohnt es sich, den vorhandenen Grasboden samt Humus abzutragen und auf das magere Substrat eine Blumenwiesen-Mischung auszubringen bzw. gezielt Duftpflanzen wie Lavendel, Thymian, Rosmarin etc. zu pflanzen. Jede heimische Pflanze lockt ca. 10 Insektenarten an, die sie zur Nahrungssuche nutzen. Schon bald wird sich auf einer solchen Blumenwiese eine Vielzahl von Käfern, Schmetterlingen, Schwebfliegen oder anderen Insekten ansiedeln, die interessante Beobachtungsmöglichkeiten bieten. Disteln locken zur Zeit der Samenreife Distelfinken an, so daß solche naturnahen Ecken nicht nur zur Blütezeit interessant zur Naturbeobachtung sein können.

Name	Botanischer Name	Blütenfarbe	Blütezeit	Standort	Besonderheiten
Aufgeblasenes Leimkraut	Silene vulgaris	weiß	Mai-August	Sonne, Schutt, Kalk	interessante Früchte
Ausdauerndes Silberblatt	Lunaria rediviva	lila	Mai-Juli		Duft, attraktive Früchte
Duftveilchen	Viola odorata	lila	März-Mai	am Gebüschrand	Duft
Frauenmantel	Alchemilla mollis	grünlich-gelblich	Mai-September	Sonne	gezahnte Blattränder mit Tautropfen am Morgen, bodendeckend
Königskerze	Verbascum thapsus o. nigrum	gelb	Juni-August	Sonne, Halbschatten	Tasten: samtenes Blatt, leicht zu ziehen
Lavendel	Lavendula angustifolia	violett	Juli-September	Sonne, leichter, etwas kalkiger Boden	Duft
Melisse	Melissa officinalis	weiß	Juli-August	warm geschützt, Boden locker und nahrhaft	ganze Pflanze duftet beim Berühren nach Zitrone
Nachtkerze	Oenothera biennis	gelb	Mai-September	Sonne, Sand	zweijährig; Wahrnehmungsübung: Blüte öffnet sich zum „Zuschauen"
Natternkopf	Echium vulgare	blau	Mai-Oktober	Sonne	Tastsinn: rauhhaarig
Odermennig	Agrimonia eupatoria	gelb	Juni-September	Halbschatten	„klebende" Klettfrüchte
Röm. Kamille	Chamaem.n.	weiß		Sonne	pflegeleicht
Rossminze, Pfefferminze	Myntha in versch. Arten	violett	Juli-September	feucht, schattig	Duft/Tee
Salbei	Salvia officinalis	blau, violett	Mai-September	Sonne	Tasten: Samtenes Blatt, Gewürz
Thymian	Thymus serpyllum	violett	Juni-Juli	Sonne, Steingarten	Duft, Vermehrung durch Stecklinge

Name	Botanischer Name	Blütenfarbe	Blütezeit	Standort	Besonderheiten
Wermut	Artemisia absinthium	weiß	Juli-September	Sonne	scharfer Geschmack, Heilpflanze
Wilde Karde	Dipsacus silvestris	blau, violett	Juli-August	sonnig	Tastsinn: stachelige Früchte Vogelnahrung (Distelfink)
Wilder Majoran (Dost)	Origanum vulgaris	violett	Juli-September	Sonne, Halbschatten	wächst buschig, Gewürz
Kn. Platterbse	Lathyrus tub.	purpurrot		Halbschatten	ausdauernd, leicht zu ziehen
Gem. Seifenkraut	Saponaria off.	rosa		Sonne	ausdauernd, braucht Pflege
Diptam	Dictamus albusrosa			Halbschatten, trockene, kalkige Böden	Strauch, sehr intensiver Duft
Hohe Herbstaster	i. S.	blau, violett			
Akelei	Aquilegia vulgaris	versch. Farben	Mai-Juli	Schatten	ausdauernde, problemlose Pflanze
Wilde Möhre	Daucus carota weiß		Juni-September	Sonne, aber auch Halbschatten	sät sich üppig aus
Margerite	Chrysanthemum leucanthumum	weiß	Mai-September	Sonne	unproblematische Pflege
Frauenflachs	Linaria vulgaris	gelb-weiß		Sonne	
Waldmeister	Asperula odorata	weiß	Mai-Juni	trockene Waldränder, Schatten	flächendeckend, wenige Samen
Walderdbeere	Fragaria vesca weiß		April-September	Schatten	kleine Blüten, Früchte

Info/Weiterbildungen

Konkrete Anregungen vor Ort in Bayern erhalten Sie durch das Umweltbildungsteam des LBV. Auf Wunsch können Fortbildungen für Erzieherinnen zu Themen wie spielerische Naturerfahrung, Einbeziehung ökologischer Aspekte in den Kindergartenalltag, Außengeländegestaltung, Gesunde Ernährung etc. über die jeweiligen Geschäftsstellen vereinbart werden. Ansprechpartner finden Sie auf der nebenstehenden Bayernkarte.

LBV-Lernorte in Bayern
Ansprechpartner für Umweltbildung in Bayern

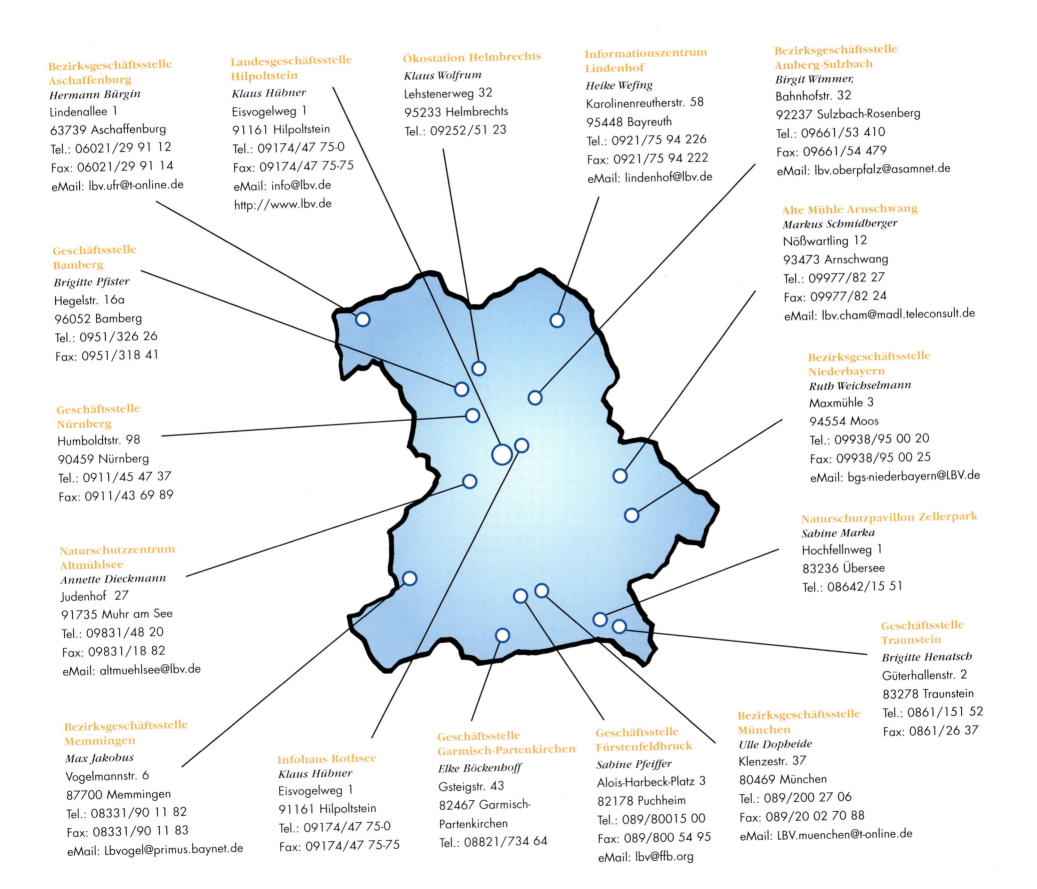

Bezirksgeschäftsstelle Aschaffenburg
Hermann Bürgin
Lindenallee 1
63739 Aschaffenburg
Tel.: 06021/29 91 12
Fax: 06021/29 91 14
eMail: lbv.ufr@t-online.de

Landesgeschäftsstelle Hilpoltstein
Klaus Hübner
Eisvogelweg 1
91161 Hilpoltstein
Tel.: 09174/47 75-0
Fax: 09174/47 75-75
eMail: info@lbv.de
http://www.lbv.de

Ökostation Helmbrechts
Klaus Wolfrum
Lehstenerweg 32
95233 Helmbrechts
Tel.: 09252/51 23

Informationszentrum Lindenhof
Heike Wefing
Karolinenreutherstr. 58
95448 Bayreuth
Tel.: 0921/75 94 226
Fax: 0921/75 94 222
eMail: lindenhof@lbv.de

Bezirksgeschäftsstelle Amberg-Sulzbach
Birgit Wimmer,
Bahnhofstr. 32
92237 Sulzbach-Rosenberg
Tel.: 09661/53 410
Fax: 09661/54 479
eMail: lbv.oberpfalz@asamnet.de

Geschäftsstelle Bamberg
Brigitte Pfister
Hegelstr. 16a
96052 Bamberg
Tel.: 0951/326 26
Fax: 0951/318 41

Alte Mühle Arnschwang
Markus Schmidberger
Nößwartling 12
93473 Arnschwang
Tel.: 09977/82 27
Fax: 09977/82 24
eMail: lbv.cham@madl.teleconsult.de

Geschäftsstelle Nürnberg
Humboldtstr. 98
90459 Nürnberg
Tel.: 0911/45 47 37
Fax: 0911/43 69 89

Bezirksgeschäftsstelle Niederbayern
Ruth Weichselmann
Maxmühle 3
94554 Moos
Tel.: 09938/95 00 20
Fax: 09938/95 00 25
eMail: bgs-niederbayern@LBV.de

Naturschutzzentrum Altmühlsee
Annette Dieckmann
Judenhof 27
91735 Muhr am See
Tel.: 09831/48 20
Fax: 09831/18 82
eMail: altmuehlsee@lbv.de

Naturschutzpavillon Zellerpark
Sabine Marka
Hochfellnweg 1
83236 Übersee
Tel.: 08642/15 51

Geschäftsstelle Traunstein
Brigitte Henatsch
Güterhallenstr. 2
83278 Traunstein
Tel.: 0861/151 52
Fax: 0861/26 37

Bezirksgeschäftsstelle Memmingen
Max Jakobus
Vogelmannstr. 6
87700 Memmingen
Tel.: 08331/90 11 82
Fax: 08331/90 11 83
eMail: Lbvogel@primus.baynet.de

Infohaus Rothsee
Klaus Hübner
Eisvogelweg 1
91161 Hilpoltstein
Tel.: 09174/47 75-0
Fax: 09174/47 75-75

Geschäftsstelle Garmisch-Partenkirchen
Elke Böckenhoff
Gsteigstr. 43
82467 Garmisch-Partenkirchen
Tel.: 08821/734 64

Geschäftsstelle Fürstenfeldbruck
Sabine Pfeiffer
Alois-Harbeck-Platz 3
82178 Puchheim
Tel.: 089/80015 00
Fax: 089/800 54 95
eMail: lbv@ffb.org

Bezirksgeschäftsstelle München
Ulle Dopheide
Klenzestr. 37
80469 München
Tel.: 089/200 27 06
Fax: 089/20 02 70 88
eMail: LBV.muenchen@t-online.de

Literaturtips

LBV/NABU (Hrsg.): NATÜRLICH LERNEN – *Broschürenreihe mit praxiserprobten Ideen und Anleitungen zur Erkundung der heimischen Tier- und Pflanzenwelt mit Hilfe von Elementen spielerischer Naturerfahrung, einfachen Experimenten, Wahrnehmungsübungen und Rollenspielen.*

- *Heft 1:* **Naturerfahrungsspiele**
- *Heft 2:* **Schmetterlinge**
- *Heft 3:* **Ökorallye**
- *Heft 4:* **Farben in der Natur**
- *Heft 5:* **Kleine Vogelkunde**
- *Heft 6:* **Naturerlebnis durch die Jahreszeiten**
- *Heft 7:* **Winterspiele**
- *Heft 8:* **Umwelttheater**
- *Heft 9:* **Bienen, Wespen, Ameisen**
- *Heft 10:* **Schlangen**

Anleitung „Ökologischer Kindergeburtstag" *Aus einem "normalen" Geburtstag läßt sich mit dieser Anleitung ein "echt cooles" Geburtstagserlebnis in der natur machen.*

Tierstimmen-CDs und MCs in großer Auswahl z.B.:
MC mit Tierstimmen von Säugetieren, Lurchen und Insekten
CD mit Tierstimmen von Säugetieren, Lurchen und Insekten

Weiden-Blätter: *Diaserie und Handlungsanleitung zum Gestalten mit Weiden*

LBV/Wehrfritz GmbH (Hrsg.):
Aktiv durchs Jahr. – Sammlung von Aktivitäten mit Kindern und Jugendlichen in und mit der Natur; *4-farbig mit zahlreichen Farbbildern*

Diese Materialien erhalten Sie bei: **LBV, Eisvogelweg 1, 91161 Hilpoltstein.**
Tel.: 09174/47 75-0, Fax: 47 75-75. *Wir senden Ihnen auch gerne eine ausführliche Liste unseres Angebotes zu.*

Bergmann, Heide; Büring, Ursel; Groß, Andrea: **Kleine grüne Wunder. – Mit Kindern die Natur entdecken.** *Von der eigenen Wohnung aus bis zu Entdeckungen in der freien Natur – in diesem Buch wird das alltägliche Naturerlebnis besonders für das Leben mit Kindern in der Stadt beschrieben. Ausführliche Pflanzentips und Vorlesegeschichten sowie Spiele und Rezepte runden das Buch ab.*

Hofmann, Andreas: **Das Becherlupen-Buch. Expeditionen ins Reich der Minimonster.** *Edition Moses, Kempten, 1998 Kleines übersichtliches Kinderbuch zum Erforschen von Insekten und Spinnen. Zeichnungen und comicartige Anleitungen im Detektivstil führen mit Versuchen und Beobachtungsanleitungen in das Reich der Biologie ein.*

Straß, Veronika: **Natur erleben durch das ganze Jahr. Entdecken, Beobachten, Verstehen.** *BLV-Verlag, München, 1997 Gute Mischung von jahreszeitlichen Beobachtungstips und Essays zu biologischen Phänomenen. Spiele, Experimente, Kochrezepte und Naturschutztips kommen auch nicht zu kurz.*

Weiterführende Literatur

Wild, Rebeca: **Erziehung zum Sein.** *Arbor-Verlag, Freiamt 1996, 8. überarbeitete Auflage*

Cube, Felix von; Alshuth, Dietger: **Fordern statt Verwöhnen – Die Erkenntnisse der Verhaltensbiologie in Erziehung und Führung,** *Serie Piper, München, Zürich, 1989*

Lutz, Erich; Netscher, Michael: **Handbuch ökologischer Kindergarten. – Kindliche Erfahrungsräume neu gestalten.** *Hrsg. Bund für Umwelt und Naturschutz Deutschland (BUND), Herder, Freiburg, Basel, Wien, 1996*

Riedelhuber Almut: **Umwelterziehung im Kindergarten. Gemeinsam geht es am besten.** *Bayerisches Staatsministerium für Arbeit und Sozialordnung, Familie, Frauen und Gesundheit, München 1997*

Richarz Klaus, Schulze Heinz-Helge: **Tiere im Garten. Der neue Kinder Kosmos.** *Franckh-Kosmos Verlags-GmbH & Co. Stuttgart, 1994*

Bachmann, Rainer: **Ökologische Außengestaltung von Kindergärten.** *Praktisches Handbuch für Neubau und Umgestaltung, Berlin 1994*

Wagner, Richard: **Naturspielräume gestalten und erleben.** *Münster 1994*

Mit der LBV-Schatzkiste unterwegs zu den Schätzen der Natur.

In unserer Schatzkiste finden Sie alles, was Sie für ein spannendes Naturerlebnis mit Kindern brauchen, z. B. über 100 Naturerfahrungsspiele und einfache Experimente zum Aufspüren, Staunen, Riechen, Hören und Be-Greifen. Wem das noch zu wenig ist, der kann mit Hilfe unserer Jahreszeitenrezepte Piratenstimmung oder Lagerfeuerromantik aufkommen lassen.

Was die **Natur-Kinder-Garten-Schatzkiste** alles bietet:

die gesammelte Erfahrung aus 15 Jahren Umweltbildung - vielfach getestet und bewährt - ohne große Vorbereitung und Vorwissen nutzbar - über 100 Naturerfahrungsspiele, Experimente und Rezepte - für Gruppen bis zu 25 Kindern - flexibel einsetzbar in Kindergärten, Kindergruppen etc. - komplette Schriftenreihe „Natürlich Lernen" - das große LBV Natur-Kindergarten-Buch - umweltverträgliche und wiederverwertbare Materialien - einzelne Bausteine nachbestellbar

(Siehe rechte Seite)

- Schriftenreihe „Natürlich Lernen"
- 24 Farbpaletten
- 12 Augenbinden
- 12 Becherlupen
- 12 Bestimmungskarten
- 12 Sammelsäckchen
- Buntstifte
- Wachsmalstifte
- 12 Kinderspiegel
- 1 Raben-Maskottchen
- 1 Kosmos-Naturführer
- 12 Insektensauger
- 12 Farbbrillen
- 12 Mandalas
- 12 Greifsäckchen
- Waldfernrohr (Bastelanleitung)
- 1 Tierstimmen-CD
- Karteikarten (Waldbodenbestimmung)
- 32 Wäscheklammern
- 1 Rucksack
- 1 große Lupe
- Melkfett
- Taschenmesser
- Klebestift
- Schnur

Überzeugen Sie sich selbst davon, daß Kinder, Natur und Garten zusammengehören, und entdecken Sie mit der LBV-Schatztruhe, daß sich kindliche Fähigkeiten und Fertigkeiten am Lernort Natur optimal entwickeln lassen.

Die Schatzkiste ist handlich und überall einsetzbar zu jeder Jahreszeit – ohne große Vorbereitung und ohne großes Vorwissen.

Also: Lassen Sie sich überraschen, wieviele Naturschätze Kinder entdecken und wie spannend die Schatzsuche sein kann.

Erhältlich: **LBV** *Landesgeschäftsstlle Postfach 1380, 91157 Hilpoltstein* **Tel.: 09174/47 75-0, Fax: 47 75-75**